Thornton Wilder

Unsere kleine Stadt

Schauspiel in drei Akten

Fischer
Taschenbuch
Verlag

Fischer Taschenbuch Verlag
Juni 1974
Ungekürzte Ausgabe
Umschlagentwurf: Lothar Staedler
unter Verwendung eines Szenenfotos aus ›Unsere kleine Stadt‹.
Die Aufnahme zeigt Susanne Granzer, Olaf Kreutzenbeck und
Will Quadflieg in einer Inszenierung der Bühne 64, Zürich.
Fischer Taschenbuch Verlag GmbH, Frankfurt am Main
Lizenzausgabe mit freundlicher Genehmigung
des S. Fischer Verlages GmbH, Frankfurt am Main

Gesamtherstellung: Clausen & Bosse, Leck/Schleswig
Printed in Germany
ISBN 3 436 01989 5

Personen

Der Spielleiter
Dr. Gibbs
Mrs. Gibbs
George Gibbs
Rebekka Gibbs
Mr. Webb
Mrs. Webb
Emily Webb
Willy Webb
Joe Crowell jun.
Howie Newsome
Prof. Willard
Simon Stimson
Mrs. Soames
Polizist Warren
Si Crowell
Joe Stoddard
Sam Craig
Mr. Carter

Eine Frau im Balkon, ein großer Mann im Zuschauerraum, eine Dame in der Loge, ein Gesangverein, Baseball-Spieler, verschiedene Tote.

Erster Akt

Kein Vorhang.
Keine Szenerie.
Beim Betreten des Theaters sieht der Zuschauer eine leere, halberleuchtete Bühne.
Der Spielleiter, den Hut auf dem Kopf, die Pfeife im Mund, tritt auf und beginnt mit seinen Vorbereitungen. Er stellt einen Tisch und mehrere Stühle links im Vordergrund auf, sowie einen Tisch und Stühle rechts im Vordergrund.
Wenn der Zuschauerraum sich verdunkelt, ist die Arbeit auf der Bühne beendet. Der Spielleiter, gegen den Pfeiler des rechten Proszeniums gelehnt, beobachtet die letzten Ankömmlinge und wartet, bis sie sich gesetzt haben.
Er beginnt erst zu sprechen, nachdem es im Zuschauerraum ganz dunkel geworden ist.

SPIELLEITER: Dieses Stück heißt »Unsere kleine Stadt«. Es wurde verfaßt von Thornton Wilder, in Szene gesetzt von A . . . Sie werden darin sehen: Fräulein B . . ., Fräulein C . . ., Fräulein D . . .; sowie Herrn E . . ., Herrn F . . ., Herrn G . . . und viele andere. Der Name der kleinen Stadt ist Grover's Corners, im Staate New Hampshire – gleich an der Grenze von Massachusetts: 42 Grad 40 Minuten nördliche Breite, 70 Grad 37 Minuten westliche Länge. Der erste Akt zeigt einen

Tag in unserer Stadt. Es ist der 7. Mai 1901. Zeit: kurz vor Tagesanbruch.

Ein Hahn kräht.

Am Himmel sieht man bereits einige Lichtstreifen, dort drüben im Osten, hinter unserm Berg.

Der Morgenstern wird immer wunderbar hell in dem Augenblick, bevor er verschwindet.

Er betrachtet ihn einen Moment lang und geht dann nach hinten.

Aber ich sollte Ihnen jetzt lieber zeigen, wie unsere Stadt liegt. Hier –

das ist: parallel zur hinteren Bühnenwand

ist die Hauptstraße. Weiter hinten der Bahnhof, die Schienen gehen dort entlang. Jenseits der Schienen ist das Polenviertel. Da wohnen die Ausländer, die hierherkamen, um in der Fabrik zu arbeiten, sowie ein paar französische Kanadier. Und dort drüben ist die katholische Kirche.

Nach der linken Seite.

Hier ist die Gemeindekirche; gegenüber, auf der anderen Straßenseite, die presbyterianische.

Die Methodisten und Unitarier sind dort drüben.

Die Baptisten haben ihren Saal unten am Fluß.

Die Schule für die Jüngeren ist dort hinten, die für die Älteren noch etwas weiter. Dreimal am Tag kann man in der ganzen Stadt das Schreien und Brüllen auf den Schulhöfen hören – um dreiviertel neun Uhr morgens, um zwölf Uhr mittags, und um drei Uhr nachmittags.

Dies ist zugleich Rathaus und Postamt, im Keller das Gefängnis. In der Hauptstraße eine Reihe von Läden. Davor Pfosten, um die Pferde anzubinden. Das erste Automobil wird ungefähr in fünf Jahren hier auftauchen – gehört dem Bankier Cartwright, unserm reichsten Bürger . . . wohnt jetzt dort in dem großen, weißen Haus auf dem Hügel.

Hier ist das Lebensmittelgeschäft, und hier ist Mr. Morgans Drugstore. Irgendwie muß jeder in dieser Stadt mindestens einmal am Tag in beide Läden hineingeschaut haben.

Er geht zum Tisch und zu den Stühlen rechts im Vordergrund.

Dies ist das Haus, in dem unser Arzt wohnt – Doktor Gibbs.

Dies ist der Hintereingang.

Zwei bogenförmige Spaliere werden von jeder Seite des Proszeniums auf die Bühne geschoben.

Hier sind zwei Spaliere – für diejenigen, die ohne Szenerie nicht auskommen können.

Hier ist ein Garten. Mais . . . Erbsen . . . Bohnen . . . Stockrosen . . . Heliotrop . . . und viel Unkraut. *Geht quer über die Bühne.*

Damals erschien unsere Zeitung zweimal die Woche – »Die Schildwache« von Grover's Corners – und das ist das Haus von Redakteur Webb.

Und dies ist Mrs. Webbs Garten.

Genau wie der von Mrs. Gibbs, bis auf die vielen Sonnenblumen.

Und hier steht ein großer Nußbaum.

Er macht eine Pause und wendet sich lächelnd an das Publikum.

Hübsche Stadt, wie viele andere auch, nett, ansprechend. Es ist niemand von Bedeutung aus ihr hervorgegangen – soweit mir bekannt. Die frühesten Grabsteine dort oben auf dem Bergfriedhof tragen die Jahreszahlen 1680 und 1690 – es sind Grovers und Cartwrights und Gibbsens und Herseys – die gleichen Namen finden Sie hier noch heute.

Also, wie gesagt, es ist kurz vor Tagesanbruch. Die einzigen Lichter in der Stadt brennen dort drüben in einem Häuschen an der Bahnlinie, wo eine polnische Mutter soeben Zwillinge in die Welt gesetzt hat. Und in Joe Crowells Haus, wo der junge Joe im Begriff ist, aufzustehen, um die Zeitungen auszutragen. Und im Bahnhofsgebäude, wo Shorty Hawkins mit seinem Fähnchen sich bereitmacht, um den Fünf-Uhr-fünfundvierzig-Zug nach Boston zu signalisieren.

Man hört einen Zug pfeifen. Der Spielleiter zieht seine Uhr und nickt.

Da ist er.

Natürlich, draußen auf dem Land, ringsherum, haben sie schon eine Zeitlang Licht gebrannt, wegen Melken und so weiter.

Aber Stadtmenschen schlafen lange.

Und somit hätte mal wieder ein neuer Tag begonnen. Da kommt gerade Dr. Gibbs die Hauptstraße entlang, er kommt von den neugeborenen Babys nach Hause. Und hier kommt seine Frau die Treppe herunter, um Frühstück zu machen.

Mrs. Gibbs tritt von rechts auf und macht sich an die Zubereitung des Frühstücks. Aus ihrem pantomimischen Spiel ist zu ersehen, daß sie

Holz in einen Herd tut, es anzündet, Kaffee kocht und so weiter.

Dr. Gibbs starb im Jahre 1930. Das neue Spital wurde nach ihm genannt.

Mrs. Gibbs starb vor ihm – das ist nun schon ziemlich lange her. Sie war zu ihrer Tochter Rebekka gefahren, die einen Versicherungsbeamten in Canten, Ohio, geheiratet hatte, und dort starb sie – Lungenentzündung. Ihre Leiche wurde hierher zurückgebracht. Und nun liegt sie dort oben auf dem Friedhof – zusammen mit einem Haufen von Gibbsens und Herseys – sie hieß Julia Hersey, bevor sie mit Dr. Gibbs dort drüben in der Gemeindekirche getraut wurde.

In unserer Stadt möchten wir nämlich über jeden genau Bescheid wissen.

Mrs. Webb tritt von links auf und beginnt ebenfalls, das Frühstück in der Küche zuzubereiten.

Das ist Dr. Gibbs. Um halb zwei Uhr früh haben sie ihn nach dem Polenviertel gerufen.

Und da kommt Joe Crowell jun. und trägt Mr. Webbs Zeitung aus – »Die Schildwache«.

Dr. Gibbs ist von links her die Hauptstraße entlanggekommen. An der Stelle, wo er einbiegen müßte, um auf sein Haus zuzugehen, bleibt er stehen, stellt seine – imaginäre – schwarze Tasche auf die Erde, nimmt seinen Hut ab und wischt sein müdes Gesicht mit einem riesigen Taschentuch.

Plötzlich kommt Joe Crowell jun. von rechts die Hauptstraße entlang und schleudert imaginäre Zeitungen in Hauseingänge.

JOE CROWELL JUN.: Morgen, Dr. Gibbs.

DR. GIBBS: Morgen, Joe.

JOE CROWELL JUN.: Wollen Sie die Zeitung gleich mitnehmen?

DR. GIBBS: Ja, gib sie mir.

JOE CROWELL JUN.: Jemand krank gewesen, Doktor?

DR. GIBBS: Nein. Nur ein paar Zwillinge drüben im Polenviertel zur Welt gebracht. *Lesend*: Ich sehe, deine Lehrerin, Miss Foster, will sich verheiraten.

JOE CROWELL JUN.: Ja, freilich, mit einem drüben in Concord.

DR. GIBBS: Sieh mal an. Und was sagt ihr Jungens dazu?

JOE CROWELL JUN.: Es geht mich zwar nichts an, aber wenn sie sich schon entschlossen hat, Lehrerin zu werden, so soll sie es auch bleiben.

DR. GIBBS: Was macht dein Knie, Joe?

JOE CROWELL JUN.: Ausgezeichnet, Doktor. Ich denke überhaupt nicht mehr daran. Aber Sie hatten recht – es sagt mir immer, wann es regnen wird.

DR. GIBBS: Und was sagt es heute? Wird es regnen?

JOE CROWELL JUN.: Nein, Doktor.

DR. GIBBS: Bist du sicher?

JOE CROWELL JUN.: Ja, Doktor, ganz sicher.

DR. GIBBS: Und das Knie irrt sich nie?

JOE CROWELL JUN.: Nein, Doktor.

Joe geht ab. Dr. Gibbs liest im Stehen seine Zeitung.

SPIELLEITER: Ich möchte Ihnen etwas von jenem Jungen, Joe Crowell, erzählen. Das war ein gescheiter Bursche – verließ mit einem glänzenden Abgangszeugnis die Schule. Bekam ein Stipendium an der Technischen Hochschule in Boston. War im Begriff, ein großer Ingenieur zu werden – aber dann brach der Krieg aus, und Joe fiel in Frankreich. Die ganze Ausbildung war umsonst gewesen.

Howie Newsome kommt die Hauptstraße entlang. Während des folgenden Dialogs geht er an Dr. Gibbs vorbei, bis zur Bühnenmitte, geht dann nach vorn, stellt ein paar Flaschen vor Mrs. Webbs Garteneingang, geht über die Bühne zu Dr. Gibbs' Haus.

HOWIE NEWSOME: Vorwärts, Bessie. Was ist los mit dir?

SPIELLEITER: Da kommt Howie Newsome und bringt die Milch.

HOWIE NEWSOME: Morgen, Doktor.

DR. GIBBS: Morgen, Howie.

HOWIE NEWSOME: Jemand krank?

DR. GIBBS: Zwillinge drüben bei Mrs. Gorulawski.

HOWIE NEWSOME: Zwillinge? Die Stadt wird mit jedem Jahr größer.

DR. GIBBS: Wird es regnen, Howie?

HOWIE NEWSOME: Nein, nein. Schönes Wetter – 's wird sich aufklären. Los, Bessie.

DR. GIBBS: Wie geht's, Bessie? *Er streichelt sie.* Wie alt ist sie, Howie?

HOWIE NEWSOME: Bald siebzehn. Bessie kennt sich mit dem Weg nicht mehr aus, seitdem die Lockhards ihren Viertelliter Milch pro Tag abbestellten. Sie möchte ihnen trotzdem den Viertelliter bringen – als ob nichts geschehen wäre – und schimpft den ganzen Weg über mit mir.

Er ist bei dem Hintereingang zu Mrs. Gibbs' Haus angelangt. Sie wartet auf ihn.

MRS. GIBBS: Guten Morgen, Howie.

HOWIE NEWSOME: Morgen, Mrs. Gibbs. Der Doktor kommt gerade die Straße herauf.

MRS. GIBBS: Wirklich? Sie scheinen sich heut verspätet zu haben?

HOWIE NEWSOME: Ja. Etwas war mit der Zentrifuge nicht in Ordnung. Weiß nicht, was es war.

Er geht zur Hauptstraße zurück, schnalzt Bessie zu und geht nach rechts ab.

Dr. Gibbs ist bei seinem Haus angelangt und geht hinein.

MRS. GIBBS: Alles gut gegangen?

DR. GIBBS: Ja. Ich muß schon sagen – wie bei kleinen Kätzchen.

MRS. GIBBS: Der Speck ist in einer Minute fertig. Setz dich hin und trink deinen Kaffee. Ki-i-i-nder! Ki-i-i-nder! Zeit zum Aufstehn! George! Rebekka! – Kannst du dich nicht noch für zwei Stunden hinlegen?

DR. GIBBS: Hm . . . Mrs. Wentworth kommt um elf. Kann mir schon denken, warum. Der Magen ist mal wieder nicht so, wie er sein sollte.

MRS. GIBBS: Mit andern Worten: mehr als drei Stunden Schlaf kannst du dir nicht leisten. Frank Gibbs, ich weiß nicht, wie das noch mit dir enden soll. Wenn du nur auf mich hören wolltest. Du mußt Ferien machen. Es würde dir gut tun, glaube mir.

MRS. WEBB: Emiliiiiiiiiii! Zeit zum Aufstehen! Willy! Sieben Uhr!

MRS. GIBBS: Eins sage ich dir: du mußt unbedingt mit George sprechen. Etwas stimmt mit dem Jungen nicht. Er tut überhaupt nichts mehr. Nicht einmal das Holz will er für mich hacken.

DR. GIBBS: Ist er ungezogen zu dir?

MRS. GIBBS: Nein. Er raunzt. Nichts als Baseball im Kopf. George! Rebekka! Ihr werdet zu spät zur Schule kommen! – George!

DR. GIBBS: George, nimm dich zusammen!

GEORGES STIMME: Ja, Papa!

DR. GIBBS *abgehend*: Hörst du nicht, daß deine Mutter dich ruft?

MRS. WEBB: Williiiiiiiii! Emiliiiiiii! Ihr werdet zu spät zur Schule kommen! Williiiii! Wasch dich gründlich, oder ich komme selbst hinauf und tue es.

REBEKKAS STIMME: Mama, welches Kleid soll ich anziehen?

MRS. GIBBS: Sei nicht so laut! Vater ist die ganze Nacht fortgewesen und muß schlafen. Ich habe das blaue Baumwollkleid extra für dich gewaschen und geplättet.

REBEKKA: Mama, ich kann das blaue Baumwollkleid nicht leiden.

MRS. GIBBS: Ach, sei still.

REBEKKA: Jeden Tag, wenn ich zur Schule gehe, sehe ich aus wie – wie ein kranker Truthahn.

MRS. GIBBS: Hör mal, Rebekka, du siehst immer sehr nett aus.

REBEKKA: Mama, George wirft mit Seife nach mir.

MRS. GIBBS: Ich komme gleich hinauf und gebe jedem von euch eine Ohrfeige – habt ihr mich verstanden?

Man hört eine Fabriksirene.

Die Kinder treten auf und nehmen ihre Plätze an den Frühstückstischen ein: Emily und Willy Webb, George und Rebekka Gibbs.

SPIELLEITER: Wir haben auch eine Fabrik in unserer Stadt – hören Sie? Eine Bettdecken-Fabrik. Gehört den Cartwrights und hat ihnen ein Vermögen eingebracht.

MRS. WEBB: Kinder, nein, das erlaube ich nicht. Das erste Frühstück ist genau so wichtig wie jede andere Mahlzeit. Ich will nicht, daß ihr es wie Wölfe herunterschlingt. Es schadet dem Wachstum – das ist eine Tatsache. Leg das Buch fort, Willy!

WILLY: Ach, Mutter. Um zehn Uhr muß ich alles über Kanada wissen.

MRS. WEBB: Du kennst die Hausregel – keine Bücher bei Tisch. Was mich anbelangt, so habe ich lieber gesunde Kinder als gescheite.

EMILY: Ich bin beides. Mama, das weißt du doch. Für mein Alter bin ich das klügste Kind in unserer Klasse. Ich habe ein wunderbares Gedächtnis.

MRS. WEBB: Iß lieber dein Frühstück.

MRS. GIBBS: Ich werde mit Vater darüber sprechen, wenn er sich ausgeruht hat. Ich denke, 25 Cents die Woche ist für einen Jungen in deinem Alter genug Geld. Mir ist unbegreiflich, wie du das alles ausgeben kannst.

GEORGE: Ach, Mutter – ich muß schrecklich viele Sachen kaufen.

MRS. GIBBS: Süßigkeiten – dafür gibst du's aus, nicht wahr?

GEORGE: Ich verstehe nicht, wie Rebekka noch so viel Geld haben kann. Sie hat über einen Dollar.

REBEKKA *träumerisch, den Löffel im Mund*: Ich habe es mir nach und nach zusammengespart.

MRS. GIBBS: Es ist nichts dabei, wenn man dann und wann etwas ausgibt.

REBEKKA: Mutter, weißt du, was ich am liebsten auf der Welt habe? – Geld.

MRS. GIBBS: Iß lieber dein Frühstück.

Man hört die Schulglocke.

DIE KINDER: Mama, es läutet zum erstenmal. – Ich muß laufen. – Ich will nichts mehr haben.

MRS. WEBB: Beeilt euch, aber zu rennen braucht ihr deshalb nicht. Willy, zieh die Hosen am Knie hoch. Halt dich gerade, Emily.

MRS. GIBBS: Bestelle Miss Foster, daß ich ihr herzlichst gratuliere – kannst du das behalten?

REBEKKA: Ja, Mama.

MRS. GIBBS: Du siehst wirklich hübsch aus, Rebekka. Heb die Füße.

ALLE: Auf Wiedersehen!

Die Kinder aus den beiden Häusern treffen sich in der Mitte der Bühne und gehen die Hauptstraße hinauf, dann links ab. Mrs. Gibbs füllt ihre Schürze mit Hühnerfutter und geht vorn an die Rampe.

MRS. GIBBS: Hier! Put! Put! Put!

Nein, geh weg, du. Geh weg.

Hier! Put! Put! Put!

Was ist denn mit dir los? Streiten, streiten, streiten –

das ist alles, was du kannst.

Hm ... du gehörst nicht zu mir. Wo kommst du denn her? *Sie schüttelt ihre Schürze aus.* Ach, habt nicht solche Angst. Niemand tut euch etwas zuleide.

Mrs. Webb sitzt bei ihrem Spalier und ist damit beschäftigt, Bohnen zu putzen.

MRS. GIBBS: Guten Morgen, Myrtle. Was macht deine Erkältung?

MRS. WEBB: Danke, besser. Aber ich habe Charles gesagt, ich weiß nicht, ob ich heute abend zur Chorprobe gehen soll. Es hat nicht viel Sinn.

MRS. GIBBS: Komm auf jeden Fall, Myrtle, und sieh zu, wie es geht.

MRS. WEBB: Wahrscheinlich komme ich, wenn ich mich bis dahin nicht schlechter fühle. Ich wollte mich jetzt etwas ausruhen und dabei ein paar Bohnen putzen.

MRS. GIBBS *ihre Ärmel aufkrempelnd, während sie auf die andere Seite der Bühne geht, um mit Mrs. Webb zu plaudern*: Kann ich dir helfen? Die Bohnen sind dieses Jahr gut gewesen.

MRS. WEBB: Ich habe mir vorgenommen, vierzig Quart einzumachen, und wenn ich dabei draufgehe. Die Kinder behaupten, sie mögen sie nicht, aber sie haben sie den ganzen Winter über hübsch brav gegessen.

Pause.

MRS. GIBBS: Myrtle, ich muß dir etwas erzählen. Wenn ich niemanden finde, dem ich es erzählen kann, so platze ich.

MRS. WEBB: Aber Julia!

MRS. GIBBS: Gib mir noch ein paar Bohnen. Myrtle, ist am letzten Freitag einer von diesen Trödlern aus Boston bei dir gewesen?

MRS. WEBB: Nein!

MRS. GIBBS: Also, bei mir war er. Zuerst hielt ich ihn für einen Patienten, der Dr. Gibbs sprechen wollte. Dann ist er bis in meine gute Stube vorgedrungen und, stelle dir vor, Myrtle Webb, plötzlich hat er mir dreihundertfünfzig Dollar für Großmutter Wentworth's altes Büfett geboten, so wahr ich hier sitze.

MRS. WEBB: Nicht möglich.

MRS. GIBBS: Doch! Das alte Ding! Es war so groß, daß ich nicht wußte, wohin damit. Beinahe hätte ich es meiner Kusine Hester Wilcox gegeben.

MRS. WEBB: Du wirst es natürlich annehmen?

MRS. GIBBS: Ich weiß nicht.

MRS. WEBB: Du weißt nicht? Dreihundertundfünfzig Dollar. Bist du von Sinnen?

MRS. GIBBS: Wenn ich meinen Mann dazu überreden könnte, das Geld zu nehmen und irgendwohin zu fahren – ich würde es mir keinen Augenblick überlegen. – Weißt du, Myrtle, mein ganzes Leben lang habe ich davon geträumt, einmal Paris, Frankreich, zu sehen. Ich weiß, es mag verrückt klingen, aber seit Jahren habe ich es mir vorgenommen. Das heißt, wenn wir je die Möglichkeit haben sollten –

MRS. WEBB: Und was sagt dein Mann dazu?

MRS. GIBBS: Zuerst habe ich ihm ein wenig auf den Zahn gefühlt. Ich habe ihn gefragt, ob er, falls ich etwas erben sollte – so habe ich mich ausgedrückt –, mit mir verreisen würde.

MRS. WEBB: M-m-m . . . Was hat er gesagt?

MRS. GIBBS: Du weißt doch, wie er ist. Seitdem ich ihn kenne, hat er kein vernünftiges Wort mit mir gesprochen. Nein, hat er gesagt, wenn ich in Europa herumbummele, so würde mir nachher vielleicht Grover's Corners nicht mehr gefallen. Ich will mich lieber nicht darauf einlassen, hat er gesagt. Alle zwei Jahre mache ich eine Reise zu den Schlachtfeldern des Bürgerkrieges, und mehr kann das Herz nicht begehren, hat er gesagt.

MRS. WEBB: Also, was das anbetrifft, so muß ich dir sagen, daß mein Mann deinen Mann geradezu bewundert, und zwar, weil er alles weiß, was mit dem Bürgerkrieg zusammenhängt. Mein Mann hätte nicht übel Lust, von Napoleon zum Bürgerkrieg überzugehn, wenn nicht dein Mann einer der größten Sachverständigen auf diesem Gebiet wäre, und das bringt ihn zur Verzweiflung.

MRS. GIBBS: Das stimmt! Mein Mann ist am glücklichsten, wenn er in Antietam oder Gettysburg ist. Wie oft bin ich mit ihm über diese Hügel gegangen, Myrtle; bei jedem Busch stehenbleibend, das Gelände mit Schritten abmessend, als ob wir es kaufen wollten.

MRS. WEBB: Wenn der Trödler wirklich das Büfett kaufen will, so würde ich es ihm geben, Julia. Und dann wirst du also doch noch Paris zu sehen bekommen. Du mußt nur von Zeit zu Zeit ein wenig darauf anspielen – auf diese Weise habe i c h nämlich den Atlantischen Ozean zu sehen bekommen, verstehst du?

MRS. GIBBS: Entschuldige, daß ich überhaupt davon angefangen habe. Aber ich finde, man sollte einmal im Leben, bevor man stirbt, ein Land kennenlernen, in dem die Leute nicht englisch sprechen – und es nicht einmal w o l l e n.

Der Spielleiter kehrt zur Mitte der Bühne zurück.

SPIELLEITER: Das genügt. Das genügt. Ich danke Ihnen, meine Damen.

Mrs. Gibbs und Mrs. Webb packen ihre Sachen zusammen, kehren in ihre Häuser zurück und verschwinden.

Wir überspringen jetzt ein paar Stunden.

Vorher aber möchten wir noch etwas mehr über unsere Stadt erfahren – sozusagen in Form eines wissenschaftlichen Referats. Ich habe deshalb Herrn Professor Willard von unserer staatlichen Universität gebeten, hierherzukommen und uns in kurzen Zügen über unsere Vorgeschichte zu berichten.

Ist Professor Willard hier?

Professor Willard, ein provinzieller Gelehrtentyp, mit einem Pincenez an einem weißen Atlasband, tritt von rechts auf, einige Notizen in der Hand.

Darf ich bekannt machen: Herr Universitätsprofessor Willard. Bitte, Herr Professor – nur ein paar kurze Anmerkungen – wir sind leider in unserer Zeit sehr beschränkt.

PROFESSOR WILLARD: Grover's Corners . . . lassen Sie mich sehen – Grover's Corners steht auf dem alten archäologischen Granit der Appalachen-Kette. Ich möchte sagen, die Erde hier gehört zum ältesten Boden, den es auf der Welt gibt. Wir sind sehr stolz darauf. Es gibt natürlich auch einige jüngere Formationen – eine Schicht von Devon-Basalt, mit Sandstein gemischt, sowie Spuren von mesozoischem Schiefer – aber das ist alles verhältnismäßig neueren Datums: zweihundert, dreihundert Millionen Jahre alt.

Man hat einige hochinteressante Versteinerungen gefunden ... ich möchte sagen: einzigartige Versteinerungen ... zwei Meilen von der Stadt entfernt, auf Silas Peckhams Weideland. Sie können im Museum unserer Universität zu jeder Tageszeit besichtigt werden, ich meine, zu jeder vernünftigen Tageszeit.

Soll ich einige von Professor Grubers meteorologischen Aufzeichnungen verlesen, die Niederschläge betreffend und so weiter?

SPIELLEITER: Ich fürchte, wir werden dazu keine Zeit haben, Herr Professor, aber vielleicht ein paar Worte über den Menschen und seine Vorgeschichte hier – Sie wissen, was ich meine –

PROFESSOR WILLARD: Oh, die anthropologischen Daten – –

SPIELLEITER: Ja –

PROFESSOR WILLARD: Frühe Indianerrasse Amerikas. Cotohatchee-Stämme. ... in dieser Gegend nicht vor dem zehnten Jahrhundert nachweisbar ... hm ... heute völlig ausgestorben ... Oh, Spuren möglicherweise noch in drei Familien. Gegen Ende des siebzehnten Jahrhunderts Einwanderung von englischer, blauäugig-brachykephalischer Rasse. Seitdem ein gewisser Zustrom von slawischen und Mittelmeer-Typen ...

SPIELLEITER: Und die Einwohnerzahl, Herr Professor.

PROFESSOR WILLARD: Innerhalb der Stadtgrenzen: Zweitausendsechshundertvierzig.

SPIELLEITER: Einen Augenblick, Herr Professor.

Er flüstert ihm etwas ins Ohr.

PROFESSOR WILLARD: Ach ja, die Einwohnerzahl beträgt im Augenblick zweitausendsechshundertzweiundvierzig. Hinzu kommen die Postzustellbezirke mit fünfhundertsieben, macht im ganzen dreitausendeinhundertneunundvierzig. Sterblichkeits- und Geburtenziffern sind dieselben. Nach MacPhersons Berechnung: Sechstausendzweiunddreißig.

SPIELLEITER: Haben Sie vielen Dank, Herr Professor. Wir alle sind Ihnen für Ihre Bemühungen sehr verbunden.

PROFESSOR WILLARD: Nichts zu danken, mein Herr. Nichts zu danken.

Professor Willard ab.

SPIELLEITER: Nun der politische und soziale Teil.

Redakteur Webb. – Oh, Mr. Webb?

Mrs. Webb erscheint bei ihrer Hintertür.

MRS. WEBB: Er wird sofort hier sein ... Er hat sich gerade in die Hand geschnitten, während er einen Apfel aß.

SPIELLEITER: Danke sehr, Mrs. Webb.

MRS. WEBB: Charles! Sie warten auf dich!

Mrs. Webb ab.

SPIELLEITER: Mr. Webb ist Verleger und Redakteur von Grover's Corners »Schildwache«. Sie wissen, das ist unser Lokalblatt.

Mr. Webb tritt von seinem Hause her auf, seinen Rock anziehend. Sein Finger ist mit einem Taschentuch verbunden.

MR. WEBB: Hm ... ich brauche Ihnen nicht erst zu sagen, daß die Mitglieder unserer Verwaltung vom Volke gewählt werden. Stimmberechtigt ist jeder Mann mit einundzwanzig Jahren. Die Frauen haben indirektes Wahlrecht. Wir gehören in der Hauptsache dem Mittelstand an, die höheren Berufe sind ebenfalls vertreten . . . zehn Prozent ungelernte Arbeiter. Politisch ergibt sich folgendes Bild: sechsundachtzig Prozent Republikaner, sechs Prozent Demokraten, vier Prozent Sozialisten. Der Rest: indifferent. Was die Religion anbetrifft, so haben wir fünfundachtzig Prozent Protestanten, zwölf Prozent Katholiken. Der Rest: indifferent.

SPIELLEITER: Haben Sie noch etwas zu bemerken, Mr. Webb?

MR. WEBB: Eine sehr durchschnittliche Stadt, wenn Sie mich fragen. Ein wenig gesitteter als die meisten anderen, dafür aber auch bedeutend weniger aufregend. Immerhin, den jungen Leuten scheint's hier zu gefallen: neunzig Prozent von denen, die eine höhere Schule besuchten, siedeln sich hier für den Rest ihres Lebens an – auch wenn sie inzwischen fort gewesen waren und die Universität besuchten.

SPIELLEITER: Danke sehr, Mr. Webb. Möchte irgend jemand im Publikum Herrn Redakteur Webb noch etwas über unsere Stadt fragen?

EINE FRAU IM BALKON: Wird in Grover's Corners viel getrunken?

MR. WEBB: Hören Sie, gnä' Frau, ich weiß nicht, was Sie unter »viel« verstehen. Samstags abends treffen sich die Landarbeiter unten in Ellery Greenoughs Stall und feiern ein wenig. Wir haben ein oder zwei Trunkenbolde, die aber jedesmal in sich gehen, wenn die Heilsarmee in die Stadt kommt. Nein, gnä' Frau, ich würde sagen, daß der Alkohol hier nicht zu den täglichen Bedarfsartikeln gehört, außer im Arzneischrank. Gutes Mittel gegen Schlangenbisse, wissen Sie – hat sich stets bewährt.

EIN GROSSER MANN IM HINTERGRUND DES ZUSCHAUERRAUMS: Gibt es denn niemanden in dieser Stadt, der gegen –

SPIELLEITER: Kommen Sie bitte etwas näher, damit alle Sie hören können – was haben Sie gesagt?

DER GROSSE MANN: Gibt es denn niemanden in dieser Stadt, der gegen soziale Ungerechtigkeit und wirtschaftliche Ausbeutung ist?

MR. WEBB: O ja, gewiß, alle sind dagegen – das ist etwas Schreckliches. 's scheint, sie hätten den ganzen Tag nichts anderes zu tun, als sich darüber zu unterhalten, wer arm ist und wer reich.

DER GROSSE MANN: Warum tun sie dann nichts dagegen?

MR. WEBB: Nun, ich weiß nicht. Wie alle anderen suchen auch wir nach einer Lösung, damit die Fleißigen und Vernünftigen nach oben kommen und die Faulen und Unvernünftigen unten bleiben. Aber es ist nicht ganz einfach. Inzwischen tun wir alles Menschenmögliche, um uns derjenigen anzunehmen, die sich nicht selbst helfen können, und die anderen, die sich helfen können, lassen wir in Ruhe. Sind noch weitere Fragen?

DIE DAME IN DER LOGE: Oh, Mr. Webb? Mr. Webb, gibt es in Grover's Corners so etwas wie Kultur oder eine Liebe für die schönen Künste?

 MR. WEBB: Sehen Sie, gnä' Frau, davon eben

gibt's nicht viel – jedenfalls nicht, wie Sie meinen. Nun ja, wenn ich es mir überlege – da sind ein paar Mädchen, die bei Schulfeiern Klavier spielen, aber es ist ihnen nicht recht wohl dabei. Nein, gnä' Frau, Kultur gibt's hier nicht viel, aber vielleicht wäre es nun am Platze, Ihnen zu sagen, daß wir hier an vielen Dingen Gefallen finden: wir freuen uns, wenn die Sonne am Morgen hinter dem Berge hervorkommt, wir beobachten die Vögel, wir schenken ihnen viel Aufmerksamkeit. Und wir sehen die Jahreszeiten kommen und gehen und verstehen etwas davon. Aber was das andere anbelangt – Sie haben recht, gnä' Frau –, damit ist's nicht sehr gut bestellt – den »Robinson Crusoe« und die Bibel und das »Largo« von Händel, das kennen wir alle, und Whistlers »Mutter« – aber weiter gehen wir nicht.

DIE DAME IN DER LOGE: Das dachte ich mir. Danke, Mr. Webb.

SPIELLEITER: Gut! Gut! Ich danke Ihnen allen.

Mr. Webb zieht sich zurück.

Wir kehren jetzt wieder zu unserer Stadt zurück. Es ist zwei Uhr nachmittags. Alle zweitausendsechshundertzweiundvierzig haben zu Mittag gegessen, und alle Teller sind abgewaschen. Die Kinder sind wieder zur Schule gegangen – von den Schulhöfen kommt ein Summen und Brummen. In der Hauptstraße nur ein paar Wagen – die Pferde dösen an den Pfosten. Über der Stadt liegt die Stille eines frühen Nachmittags. Doktor Gibbs ist in seinem Sprechzimmer, horcht die Leute ab und läßt sie »Ah« sagen. Dort drüben mäht Mr.

Webb seinen Rasen. Unter zehn Männern gibt's immer einen, der es für ein Vergnügen hält, seinen eigenen Rasen mähen zu dürfen. *Emily Webb, einige Schulbücher unter dem Arm, kommt geziert die Hauptstraße entlang. Ihr Benehmen läßt erkennen, daß sie sich einbildet, eine Lady von auffallender Eleganz zu sein.*

Ihr Vater ist bei seinem Hin und Her mit der Grasmaschine allmählich in ihre Nähe gekommen.

EMILY: Ich kann nicht, Lois. Ich muß nach Hause und meiner Mutter helfen. Ich habe es ihr versprochen.

MR. WEBB: Emily, geh, wie es sich gehört. Wen versuchst du diesmal nachzumachen?

EMILY: Du bist schrecklich, Papa. Einmal sagst du, ich soll mich gerade halten, und in der nächsten Minute zankst du mich aus. Ich höre nicht mehr auf dich.

Sie küßt ihn unvermittelt.

MR. WEBB: Herrgott, noch nie in meinem Leben bin ich von einer so feinen Dame geküßt worden.

Er verschwindet aus dem Gesichtsfeld. Emily bückt sich und pflückt einige Blumen bei ihrem Gartentor. George Gibbs kommt die Hauptstraße entlanggeschlendert. Er wirft einen Ball in schwindelnde Höhen und wartet, bis er wieder herunterkommt. Zu diesem Zweck muß er mitunter vier Schritte rückwärts gehen.

GEORGE: Entschuldigen Sie, Mrs. Forrest.

SPIELLEITER *Mrs. Forrest darstellend*:

Gehen Sie auf den Sportplatz, junger Mann.

Es gehört sich nicht, auf der Hauptstraße Baseball zu spielen.

GEORGE: Verzeihen Sie vielmals, Mrs. Forrest. – Guten Tag, Emily.

EMILY: Guten Tag.

GEORGE: Du hast einen schönen Vortrag in der Schule gehalten.

EMILY: Eigentlich hatte ich mich auf die Monroe-Doctrine vorbereitet, aber in der letzten Minute hat mich Miss Corcoran statt dessen über den Louisiana-Kauf sprechen lassen. Ich habe furchtbar lange an beidem gearbeitet.

GEORGE: Du, Emily, es ist komisch. Von meinem Fenster dort oben kann ich gerade deinen Kopf sehen, wenn du am Abend in deinem Zimmer sitzt und Schularbeiten machst.

EMILY: Nein, wirklich?

GEORGE: Du nimmst es ziemlich ernst, Emily. Ich verstehe nicht, wie du so lange stillsitzen kannst. Du scheinst die Schule gern zu haben.

EMILY: Es gehört nun mal zu den Dingen, die man durchmachen muß.

GEORGE: Tja ...

EMILY: Im Grunde stört es mich nicht sehr. Außerdem vertreibt es die Zeit.

GEORGE: Tja ... Emily, was hältst du davon: könnten wir nicht eine Art Telegraphie zwischen deinem und meinem Fenster einführen? Und von Zeit zu Zeit könntest du mir dann einen Wink geben, oder zwei, ... für die Algebra-Aufgaben ... Ich meine natürlich nicht die ganze Lösung. Emily ... nur einen kleinen Wink, einen Fingerzeig ...

EMILY: Oh, ich glaube, Fingerzeige sind erlaubt ... Ja, und wenn du nicht weiterkannst, dann pfeifst du ganz einfach, George, und ich gebe dir einen Fingerzeig.

GEORGE: Du bist wirklich gescheit, Emily – von Natur aus, meine ich.

EMILY: Entweder man wird so geboren oder nicht.

GEORGE: Tja ... Sieh mal, ich möchte gerne Farmer werden, und Onkel Lukas hat gesagt, wenn es so weit ist, könnte ich sofort zu ihm kommen und auf seiner Farm arbeiten, und wenn ich mich gut anstelle, würde mir die Farm allmählich gehören.

EMILY: Du meinst, das Haus und alles?

Mrs. Webb tritt auf.

GEORGE: Tja ... Also, besten Dank ... Ich glaube, ich gehe jetzt Baseball spielen. Es war nett, mit dir gesprochen zu haben, Emily. – Guten Tag, Mrs. Webb.

MRS. WEBB: Guten Tag, George.

GEORGE: Auf bald, Emily.

EMILY: Auf bald, George.

MRS. WEBB: Emily, komm und hilf mir die Bohnen für den Winter putzen. Also George Gibbs hat sich zu einer Unterhaltung mit dir bequemt. Sieh mal einer an. Nun, er wird langsam erwachsen. Wie alt mag George jetzt sein?

EMILY: Ich weiß nicht.

MRS. WEBB: Warte mal ... er muß beinahe sechzehn sein.

EMILY: Mama, ich habe heute einen Vortrag in der Schule gehalten, und ich war sehr gut.

MRS. WEBB: Du mußt ihn noch einmal deinem Vater beim Abendessen aufsagen. Worüber war es?

EMILY: Über den Louisiana-Kauf. Es ging wunderbar glatt. Ich will mein ganzes Leben lang nur noch Vorträge halten. – Mama, sind diese hier groß genug?

MRS. WEBB: Mach sie ein bißchen größer, wenn es geht.

EMILY: Mama, willst du mir eine Frage beantworten, ernsthaft?

MRS. WEBB: Gewiß.

EMILY: Seh ich gut aus, Mama?

MRS. WEBB: Aber natürlich. Alle meine Kinder sehen gut aus. Ich würde mich schämen, wenn es anders wäre.

EMILY: Ach, Mama, das meine ich nicht. Ich meine: bin ich h ü b s c h?

MRS. WEBB: Ich sagte es dir bereits: ja. Nun hör auf damit. Du hast ein nettes, junges, hübsches Gesicht. Ich habe noch nie so etwas Dummes gehört.

EMILY: Mama, du sagst einem nie die Wahrheit.

MRS. WEBB: Aber ich s a g e dir doch die Wahrheit.

EMILY: Mama, warst d u einmal hübsch?

MRS. WEBB: Ja, ich bin einmal hübsch gewesen, das kann ich wohl von mir behaupten. Ich war das hübscheste Mädchen in der ganzen Stadt, abgesehen von Mamie Cartwright.

EMILY: Aber Mama, du mußt doch irgend etwas Besonderes über mich sagen können. Ich meine, bin ich hübsch genug – um irgend jemanden – irgendwelche Leute an mich zu fesseln?

MRS. WEBB: Emily, jetzt habe ich es aber wirklich satt. Hör auf damit. Du bist hübsch genug für normale Begriffe. Komm und bring mir die Schüssel mit, hörst du?

EMILY: Ach, Mama, du bist einem überhaupt keine Hilfe.

SPIELLEITER *tritt auf, das Manuskript des Stükkes unter dem Arm*: Danke, Mrs. Webb; danke Emily. *Mrs. Webb und Emily ab.* Ich glaube, es wäre jetzt an der Zeit, Ihnen mitzuteilen, daß der Cartwright-Konzern soeben begonnen hat, eine Bank in Grover's Corners zu bauen – den Marmor haben sie sich aus Vermont kommen lassen, bedauerlicherweise. Und sie haben einen Freund von mir gefragt, was sie für die Leute, die einmal in tausend Jahren nachgraben werden, in den Grundstein einmauern sollen. Natürlich haben sie die »New York Times« hineingelegt und ein Exemplar von Mr. Webbs »Schildwache«. Die Sache ist für uns nicht ohne Interesse, seitdem ein paar gelehrte Köpfe darauf gekommen sind, das bedruckte Papier mit einer Art Klebstoff – Silikat-Klebstoff – zu bestreichen, so daß man es noch nach tausend, zweitausend Jahren lesen kann.

Wir werden auch eine Bibel hineinlegen ... und die Verfassung der Vereinigten Staaten, und eine Ausgabe von William Shakespeares Stücken. Was sagen Sie dazu, meine Herrschaften? Was meinen Sie? In Babylon lebten einmal zwei Millionen Menschen, und das einzige, was von ihnen übriggeblieben ist, sind die Namen der Könige und ein paar Verträge über Weizenlieferungen – und den Handel mit Sklaven. Ja, jeden Abend setzten sich alle diese Familien an den Tisch und aßen, und der Vater kam von der Arbeit nach Hause, und der Schornstein rauchte – genau wie bei uns. Und auch was wir über die Griechen und Römer wissen, ich meine, wie sie wirklich gelebt haben, das müssen wir uns Stück für Stück aus den Spottgedichten und aus den Komödien zusammensuchen, die damals für das Theater geschrieben wurden. Und darum möchte ich auch ein Exemplar dieses Stückes mit einmauern lassen, damit in tausend Jahren ein paar simple Wahrheiten über uns bekannt werden – nicht nur der Versailler Vertrag und der Lindbergh-Flug.

Verstehen Sie, was ich meine?

Nun – ihr Leute in tausend Jahren – hier ist zu sehen, wie wir zu Beginn des zwanzigsten Jahrhunderts in den Provinzen nördlich von New York gelebt haben.

Hier ist zu sehen, wie wir aufwuchsen und heirateten und lebten und starben.

Ein Chor, teilweise den Blicken entzogen, hat im Orchester zu singen begonnen: »Gesegnet sei das Band, das bindet«.

Und jetzt kehren wir wieder nach Grover's Corners zurück. Es ist Abend. Sie können die Chorprobe in der Kirche hören. Alle Kinder sind zu Hause und machen Schularbeiten. Der Tag läuft wie eine müde Uhr ab.

Ein Lichtschein fällt auf Simon Stimson, der, mit dem Rücken zum Publikum, im Orchester steht und den Chor dirigiert.

Zwei Leitern sind auf die Bühne geschoben worden. Sie deuten jeweils den zweiten Stock des Gibbsschen und des Webbschen Hauses an. George und Emily steigen hinauf und beschäftigen sich mit ihren Schulaufgaben. Ih-

re Gesichter sind dem Publikum zugewandt.
Dr. Gibbs ist aufgetreten und hat sich in die Küche gesetzt, um zu lesen.

SIMON STIMSON *nach dem Ende der ersten Strophe*:
So. Und jetzt noch einmal. Denken Sie immer daran, meine Damen: Musik ist zum Vergnügen der Menschen geschaffen worden. Versuchen wir es noch mal. – Leiser – leiser!! – Alle mal herhören. Es ist ein Irrtum, zu glauben, daß Musik nur schön ist, wenn sie laut ist. Überlaßt das Lautsein den Methodisten. Ihr könnt es doch nicht mit ihnen aufnehmen, auch wenn ihr euch noch so anstrengt. Noch einmal, Tenöre!
Der Chor wird allmählich leiser.

GEORGE: Pst! Emily!

EMILY: Hallo!

GEORGE: Hallo!

EMILY: Ich kann überhaupt nicht arbeiten. Der Mond ist wirklich schrecklich.

GEORGE: Emily, hast du die dritte Aufgabe gelöst?

EMILY: Welche?

GEORGE: Die dritte!

EMILY: Aber natürlich, George – es ist doch die leichteste von allen.

GEORGE: Das finde ich nicht. Kannst du mir einen Fingerzeig geben?

EMILY: Ich sage dir nur eins: die Lösung ist in Metern.

GEORGE: In Metern? Wie meinst du das?

EMILY: In Quadratmetern.

GEORGE: Ach . . . in Quadratmetern.

EMILY: Ja, George, verstehst du nicht?

GEORGE: Tja . . .

EMILY: In Quadratmetern von T a p e t e n . . .

GEORGE: Tapeten . . . aha ja, jetzt verstehe ich. Vielen Dank, Emily.

EMILY: Gern geschehen. Mein Gott, ist der Mondschein nicht schrecklich? Und der Chorgesang, der nicht aufhören will? – Ich glaube, wenn man den Atem anhält, kann man den Zug bis ganz weit drüben nach Contookuck hören! Hörst du ihn?

GEORGE: Mmm! . . . Was du nicht sagst.

EMILY: Ich glaube, ich versuche lieber, noch etwas zu arbeiten.

GEORGE: Gute Nacht, Emily.

EMILY: Gute Nacht, George.

SIMON STIMSON *nach dem Ende der dritten Strophe*:

Das war besser, aber ein Meisterwerk ist es noch immer nicht. Übrigens, bevor ich es vergesse: wer von Ihnen kann am Dienstagnachmittag auf Fred Herseys Hochzeit singen? Wollen Sie die Hände hochheben! Das ist schön, das ist wirklich nett. Und jetzt singen wir: »Bist du müde, bist du traurig?« Das ist eine Frage, meine Damen und Herren, bringen Sie das bitte zum Ausdruck.

DR. GIBBS: Oh, George, kannst du einen Augenblick herunterkommen?

GEORGE: Ja, Papa.

Er steigt die Leiter herunter.

SIMON STIMSON: Und vergessen Sie nicht am Sonntag die zweite Strophe recht leise zu singen und am Schluß gleichsam ersterben zu lassen. Fertig?

Zu Beginn des folgenden Dialogs singt der

Chor sehr leise eine Strophe des Kirchenliedes. Während des Gesanges blendet das Licht langsam auf ihren Gesichtern ab und Chor und Chordirigent verschwinden.

DR. GIBBS: Setz dich, George. Ich habe nicht lange mit dir zu sprechen. George, wie alt bist du?

GEORGE: Ich? Sechzehn, beinah siebzehn.

DR. GIBBS: Was möchtest du werden, wenn du die Schule verläßt?

GEORGE: Du weißt doch, Vater, ich möchte als Farmer auf Onkel Lukas' Gut arbeiten.

DR. GIBBS: Du bist also bereit, früh aufzustehen, nicht wahr, und die Kühe zu melken und zu füttern . . . und es wird dir nichts ausmachen, den ganzen Tag über zu hacken und zu heuen?

GEORGE: Gewiß. Worauf willst du – was meinst du, Vater?

DR. GIBBS: Sieh mal, George, als ich heute in meinem Sprechzimmer saß, habe ich ein komisches Geräusch gehört . . . und was war es? Was glaubst du? Deine Mutter hat Holz gehackt. So ist deine Mutter nun einmal – steht früh auf, kocht den ganzen Tag, wäscht und plättet – und nicht genug damit, muß sie auch noch hinten auf den Hof gehen und Holz hacken. Ich nehme an, sie ist es überdrüssig geworden, dich darum zu bitten. Sie hat es aufgegeben und sich gesagt, es ist einfacher, wenn ich es selbst tue. Und du ißt ihr Essen und ziehst die Kleider an, die sie für dich instand hält, und dann läufst du fort und spielst Baseball – als ob sie irgendein Dienstmädchen wäre, das wir hier im Haus für uns arbeiten lassen – und noch dazu gar nicht mal sehr gern haben. – Hier ist ein Taschentuch, mein Junge. Ich wußte, daß ich dich nur darauf aufmerksam zu machen brauchte. George, ich habe beschlossen, dein Taschengeld um fünfundzwanzig Cents die Woche zu erhöhen. Natürlich nicht, damit du das Holz für deine Mutter hacken gehst, denn das ist ein Geschenk, das du ihr schuldest, sondern weil du älter wirst – und ich nehme an, du kannst es gebrauchen.

GEORGE: Danke, Vater.

DR. GIBBS: Also, du kannst damit rechnen. – Hm. Wahrscheinlich wird Rebekka finden, daß sie auch mehr haben müßte ...

Verlegen, will Konversation machen.

Wundere mich übrigens, wo deine Mutter bleibt. Die Chorprobe hat noch nie so lange gedauert.

GEORGE: Es ist doch erst halb neun, Vater.

DR. GIBBS: Ich weiß nicht, warum sie noch zu diesem Chor geht. Sie hat eine Stimme wie eine alte Krähe ... Treibt sich herum in den Straßen zu nachtschlafender Zeit ... Eigentlich solltest du jetzt auch schlafen gehen, findest du nicht?

GEORGE: Ja, Papa.

George steigt die Leiter zu seinem Platz hinauf. Auf der linken Bühnenseite hört man Lachen und »Gute Nacht« sagen. Mrs. Gibbs, Mrs. Soames und Mrs. Webb kommen jetzt die Hauptstraße entlang. Wenn sie die Mitte der Bühne erreicht haben, bleiben sie stehen.

MRS. SOAMES: Gute Nacht, Martha. Gute Nacht, Mr. Foster.

MRS. WEBB *hinter die Bühne rufend*:
Ich werde es meinem Mann sagen. Ich glaube bestimmt, daß er es in die Zeitung setzen wird.

MRS. GIBBS: Herrgott, es ist spät.

MRS. SOAMES: Gute Nacht, Irma.

MRS. GIBBS: War die Chorprobe nicht hübsch? Sieh dir den Mond an, Myrtle Webb, Ts-tsts ... Wunderbar für die Kartoffeln.

MRS. SOAMES: Ich wollte natürlich kein Wort darüber in Gegenwart der andern sagen, aber nun, da wir allein sind, – wirklich, es ist der größte Skandal, den die Stadt je erlebt hat.

MRS. GIBBS: Was?

MRS. SOAMES: Simon Stimson!

MRS. GIBBS: Na, na, Louella.

MRS. SOAMES: Aber Julia! Einen Kirchenorganisten zu haben, der jahraus, jahrein betrunken ist –

MRS. GIBBS: Louella!

MRS. SOAMES: Hast du nicht gemerkt, daß er heute abend wieder betrunken war?

MRS. GIBBS: Hör mal, Louella. Wir alle wissen, wie es um Mr. Stimson steht, wir wissen, was er durchgemacht hat, und Dr. Ferguson weiß es auch, und wenn Dr. Ferguson ihn weiter im Amt behält, so bleibt uns nichts anderes übrig, als es ebenfalls nicht zu bemerken.

MRS. SOAMES: Nicht zu bemerken! Aber es wird immer schlimmer!

MRS. WEBB: Nein Louella, das stimmt nicht. Es hat sich gebessert. Ich bin doppelt so lange wie du in dem Chor. Es kommt jetzt viel seltener vor ... Mein Gott, in einer Nacht wie dieser mag ich nicht zu Bett gehen. –

Himmel, ich muß laufen. Die Kinder gehen sonst überhaupt nicht schlafen. Gute Nacht, Louella ... Julia ...

Sie läuft zur Vorderbühne, tritt in ihr Haus ein und verschwindet.

MRS. GIBBS: Gute Nacht, Myrtle.
Kannst du allein nach Hause gehen, Louella?

MRS. SOAMES: Es ist taghell. Ich sehe meinen Mann schon mit finsterer Miene am Fenster stehen. Man könnte meinen, wir wären tanzen gegangen, so benehmen sich mitunter die Mannsleute. Gute Nacht, Julia.

MRS. GIBBS: Gute Nacht, Louella.

MRS. SOAMES: Wir sehen uns am Sonntag.

MRS. GIBBS: Bis dahin. *Mrs. Gibbs kommt bei ihrem Haus an.* Wir haben uns sehr gut unterhalten.

DR. GIBBS: Spät genug kommst du.

MRS. GIBBS: Warum? Es ist nicht später als sonst.

DR. GIBBS: Wieder mit den Hennen an der Ecke gestanden und gegackert.

MRS. GIBBS: Frank, sei nicht so schlechter Laune. Komm heraus und rieche den Heliotrop im Mondschein.

Sie gehen Arm in Arm längs der Rampenlichter spazieren.

Ist das nicht wunderbar? Was hast du die ganze Zeit getan – ohne mich?

DR. GIBBS: Oh, gelesen – wie üblich. Worüber haben die Damen heute abend geklatscht?

MRS. GIBBS: Du, Frank, glaube mir – diesmal hatten wir Grund, zu klatschen.

DR. GIBBS: Hm. Simon Stimson? War's schlimm?

Mrs. Gibbs: Schlimmer denn je. Wie wird das noch enden, Frank? Dr. Ferguson kann nicht immer ein Auge zudrücken.

Dr. Gibbs: Ich glaube, ich weiß mehr über Simon Stimson als irgendein anderer. Es gibt Menschen, die nicht für die Kleinstadt geschaffen sind. Wie es enden wird, weiß ich nicht. Wir können nur eins tun: uns nicht darum kümmern. Komm, gehen wir hinein.

Mrs. Gibbs: Nein, noch nicht ... Frank, ich mache mir Sorgen um dich.

Dr. Gibbs: Was für Sorgen?

Mrs. Gibbs: Ich glaube, es ist meine Pflicht, mich darum zu kümmern, daß du wirklich einmal ausspannst. Und sollte ich diese Erbschaft bekommen, so bestehe ich darauf.

Dr. Gibbs: Hör mal, Julia, es hat keinen Sinn, immer wieder davon anzufangen.

Mrs. Gibbs: Frank, du bist unvernünftig.

Dr. Gibbs: Komm, Julia, es ist spät. Du wirst dich erkälten. Ich habe George heute meine Meinung gesagt. Ich glaube, du wirst dich nicht mehr um das Holz zu kümmern brauchen – jedenfalls bis auf weiteres ... Nein, nein, geh die Treppe hinauf.

Mrs. Gibbs: Ach Gott, immer ist noch so viel aufzuräumen. Weißt du, daß Mrs. Fairschild jeden Abend ihre Haustür verriegelt? Alle Leute in ihrem Viertel drüben tun es.

Dr. Gibbs: Weil sie sich einbilden, Großstädter zu sein – das ist das Schlimme. Wer wird schon bei ihnen einbrechen? Jeder weiß doch, daß sie nichts haben.

Sie verschwinden. Rebekka klettert die Leiter neben George hinauf.

GEORGE: Rebekka, geh fort. Mehr als einer kann nicht am Fenster stehen. Du mischst dich immer in alles ein.

REBEKKA: Laß mich einen Augenblick hinaussehen.

GEORGE: Sieh zu deinem eigenen Fenster hinaus.

REBEKKA: Das habe ich getan, aber dort ist kein Mond ... George, weißt du, was ich mir manchmal vorstelle? Ich stelle mir vor, daß der Mond immer näher und näher kommt – und dann gibt's eine ungeheure Explosion.

GEORGE: Du hast von nichts eine Ahnung, Rebekka. Wenn der Mond auf uns zukäme, so würden es die Leute mit ihren Fernrohren zuerst sehen und es melden, und dann würde es in allen Zeitungen stehen.

REBEKKA: George, scheint der Mond jetzt auch über Süd-Amerika, Kanada und die halbe Welt?

GEORGE: Ja – höchstwahrscheinlich.

Der Spielleiter schlendert heran.

SPIELLEITER: Neun Uhr dreißig. Fast alle Lichter sind verlöscht. Ach, nein, da ist noch der Polizist Warren und prüft ein paar Türen an der Hauptstraße. Und hier kommt Redakteur Webb, der gerade seine Zeitung zu Bett gebracht hat.

MR. WEBB: Guten Abend, Bill.

POLIZIST WARREN: 'n Abend, Mr. Webb.

MR. WEBB: Was für ein Mond.

POLIZIST WARREN: Jaja ...

MR. WEBB: Alles ruhig?

POLIZIST WARREN: Simon Stimson schwankt noch ein wenig in der Gegend herum. Eben sah ich seine Frau, die nach ihm suchen ging, und da habe ich fortgeschaut – da kommt er.

Simon Stimson kommt, ein wenig unsicher, von links die Hauptstraße entlang.

MR. WEBB: Guten Abend, Simon ... Es scheint, die Stadt hat sich schon ganz hübsch zur Ruhe begeben ...

Simon Stimson kommt auf ihn zu und bleibt einen Augenblick stehen.

Guten Abend ... Ja, fast alle liegen schon in ihren Betten, Simon ... Ich glaube, wir sollten es auch tun. Kann ich dich ein Stück begleiten?

Simon Stimson setzt seinen Weg fort, ohne ein Wort zu sagen, und verschwindet nach rechts.

Gute Nacht.

POLIZIST WARREN: Wie wird das noch ausgehen, Mr. Webb?

MR. WEBB: Er hat viel Pech im Leben gehabt, eins kam nach dem andern ... Oh, Bill, willst du mir einen Gefallen tun? Wenn du siehst, daß mein Junge Zigaretten raucht, sprich mit ihm, ja? Er hält viel von dir, Bill.

POLIZIST WARREN: Der raucht keine Zigaretten nicht, Mr. Webb. Und wenn, dann höchstens zwei oder drei im Jahr.

MR. WEBB: Hm ... Hoffentlich. Also gute Nacht, Bill.

POLIZIST WARREN: Gute Nacht, Mr. Webb.

Ab.

MR. WEBB: Wer ist da oben? Myrtle?

EMILY: Nein, ich bin's, Vater.

MR. WEBB: Warum bist du noch nicht im Bett?

EMILY: Ich weiß nicht. Ich kann jetzt nicht schlafen. Vater. Der Mondschein ist so wunderbar. Und der Geruch von Mrs. Gibbs' Heliotrop. Kannst du's riechen?

MR. WEBB: Hff ... ja. Du hast doch keine Sorgen, Emily?

EMILY *mit leisem Lächeln*:
Sorgen, Vater? Nein.

MR. WEBB: Nun dann, viel Spaß, aber laß dich nicht von deiner Mutter erwischen. Gute Nacht, Emily.

EMILY: Gute Nacht, Vater.

Mr. Webb geht über die Bühne in sein Haus, wobei er »Gesegnet sei das Band, das bindet« pfeift, und verschwindet.

REBEKKA: Ich habe dir nie von dem Brief erzählt, den Jane Crofut von ihrem Pfarrer erhielt, als sie krank war. Er schrieb Jane einen Brief, und auf dem Umschlag stand: Jane Crofut, Crofut-Farm, Grover's Corners, Sutten County, New Hampshire, Vereinigte Staaten von Amerika.

GEORGE: Was ist daran so komisch?

REBEKKA: Warte, es ist noch nicht zu Ende. Vereinigte Staaten von Amerika, Nordamerikanischer Kontinent. Westliche Halbkugel. Erde. Sonnensystem. Weltall. Geist Gottes – das alles stand auf dem Briefumschlag.

GEORGE: Was du nicht sagst.

REBEKKA: Und der Briefträger hat den Brief trotzdem gebracht.

GEORGE: Was du nicht sagst!

SPIELLEITER: Dies ist das Ende des ersten Aktes, meine Freunde. Sie können jetzt hinausgehen und rauchen – diejenigen, die durchaus rauchen müssen.

Zweiter Akt

Die Tische und Stühle der beiden Küchen stehen noch immer auf der Bühne.
Die Leitern sind weggeschafft worden.
Der Spielleiter ist an seinem gewohnten Platz und beobachtet das Publikum, während es sich auf die Plätze zurückbegibt.
Nachdem der Zuschauerraum sich verdunkelt hat, tritt er vor die Mitte der Rampe und beginnt zu sprechen.

DER SPIELLEITER: Drei Jahre sind vorüber.

Die Sonne ist mehr als tausendmal aufgegangen. Sommer und Winter haben die Berge noch ein wenig mehr zerklüftet, und die Regenfälle haben etwas von dem Schmutz heruntergeholt.

Ein paar kleine Kinder, die damals noch nicht geboren waren, können jetzt sogar schon richtige Sätze sprechen; und einige Leute, die sich für besonders jung und beweglich hielten, können nicht mehr so wie früher die Treppen hinauflaufen, ohne sofort Herzklopfen zu bekommen.

Das alles kann in tausend Tagen geschehen.

Die Natur hat sich auch noch in anderer Hinsicht betätigt – einige junge Menschen haben sich verliebt und verheiratet. Ja, der Berg ist um Bruchteile eines Millimeters kleiner geworden; Millionen Liter Wasser sind an der Mühle vorbeigeflossen, und hier und dort wurde ein neues Heim unter einem Dach gegründet. Fast alle Menschen auf der Welt heiraten, nicht wahr? In unserer Stadt gibt es kaum eine Ausnahme. Fast alle Menschen auf der Welt steigen verheiratet ins Grab.

Der erste Akt hieß: »Das tägliche Leben.« Dieser Akt heißt: »Liebe und Heirat.« Es gibt noch einen dritten Akt. Ich nehme an, Sie ahnen, wovon er handelt.

Also:

Drei Jahre später. 1904.

Es ist der 7. Juli, gleich nach Schluß der Schulzeit. Das ist die Zeit, da junge Menschen zu heiraten pflegen. Sobald sie die Schlußprüfung in höherer Geometrie und Ciceros Reden bestanden haben, scheinen sie sich plötzlich für die Ehe reif zu fühlen. Wieder ist es früh am Morgen. Aber diesmal hat es geregnet. Diesmal hat es gegossen und gedonnert.

Der Garten von Mrs. Gibbs und der von Mrs. Webb hier: unter Wasser. Die Bohnenstangen und Wicken: unter Wasser.

Den ganzen gestrigen Tag lang hing der Regen wie ein wehender Vorhang über der Hauptstraße.

Hm . . . 's kann jeden Augenblick wieder losgehen.

Da ist der Fünf-Uhr-fünfundvierzig-Zug nach Boston.

Mrs. Gibbs und Mrs. Webb kommen die Treppe herunter und beginnen wie im ersten Akt, Frühstück zu machen.

Und dort kommen Mrs. Gibbs und Mrs.

Webb die Treppe herunter, um Frühstück zu machen, als ob dies ein Tag wäre wie jeder andere. Ich glaube, ich brauche die Damen im Parkett nicht erst darauf hinzuweisen, daß die beiden Frauen, die Sie vor sich sehen, daß diese Frauen täglich drei Mahlzeiten zu kochen pflegen – die eine seit zwanzig, die andere seit vierzig Jahren – und niemals Sommerferien. Jede von ihnen hat zwei Kinder aufgezogen, hat gewaschen, das Haus sauber gemacht – und niemals ein einziger Nervenzusammenbruch. Niemals auch der Gedanke, man könnte vielleicht ausgenutzt werden.

Ein Dichter aus dem Mittelwesten hat gesagt: Man muß das Leben lieben, um es zu leben, und man muß das Leben leben, um es zu lieben . . . Man nennt das einen »Circulus vitiosus«.

Si Crowell ist erschienen und hat imaginäre Zeitungen in Hauseingänge geworfen; Howie Newsome ist mit Bessie die Hauptstraße entlanggekommen.

HOWIE NEWSOME: Vorwärts, Bessie.

SPIELLEITER: Und hier kommt Howie Newsome und bringt die Milch.

Und da ist Si Crowell und trägt die Zeitungen aus wie vor ihm sein Bruder.

SI CROWELL: Morgen, Howie.

HOWIE NEWSOME: Morgen, Si. – Irgend etwas Wichtiges in den Zeitungen?

SI CROWELL: Nicht viel – höchstens, daß wir den besten Baseball-Spieler verlieren, den Grover's Corners je gehabt hat.

HOWIE NEWSOME: Das stimmt. Verdammt guter Spieler. – Halt, Bessie! Ich darf doch wohl noch stehenbleiben und mich unterhalten, wenn es mir paßt?

SI CROWELL: Wie konnte er das aufgeben? Nur um sich zu verheiraten! Hättest du das getan?

HOWIE NEWSOME: Kann ich nicht sagen, Si. Hab' kein Talent für Baseball – nie gehabt.

Polizist Warren tritt auf. Sie sagen einander »Guten Morgen«. Schon so früh auf, Bill?

POLIZIST WARREN: Überschwemmungsgefahr. Muß mal sehen, was man dagegen tun kann. Der Fluß ist in der Nacht gestiegen.

HOWIE NEWSOME: Si Crowell regt sich auf, weil George Gibbs sich vom Baseball zurückzieht.

POLIZIST WARREN: Ja, das ist der Lauf der Welt. Anno vierundachtzig hatten wir einen Spieler – dagegen könnte sogar George Gibbs nicht aufkommen. Hieß Hank Todd. Ging nach Maine und wurde Pfarrer. Herrlicher Spieler. – Howie, was hältst du von dem Wetter?

HOWIE NEWSOME: Sieht nicht so schlecht aus. Kann sich vielleicht noch aufklären.

POLIZIST WARREN: Howie!

HOWIE NEWSOME: Bill!

Polizist Warren und Si Crowell setzen ihren Weg fort. Howie Newsome bringt die Milch zuerst zu Mrs. Gibbs' Haus. Sie kommt ihm bis zu dem Spalier entgegen.

HOWIE NEWSOME: Guten Morgen, Mrs. Gibbs.

MRS. GIBBS: Guten Morgen, Howie. Glauben Sie, es wird wieder regnen?

HOWIE NEWSOME: Es hat so stark geregnet, vielleicht klärt es sich wieder auf.

MRS. GIBBS: Das hoffe ich aber wirklich.

HOWIE NEWSOME: Wieviel möchten Sie heute haben?

MRS. GIBBS: Das Haus wird voll von Verwandten sein. Ich glaube, ich brauche drei Flaschen Milch und zwei Flaschen Sahne.

HOWIE NEWSOME: Drei Milch und zwei Sahne. Meine Frau läßt Ihnen bestellen, wir wünschen den beiden, daß sie sehr glücklich miteinander werden, Mrs. Gibbs. Bestimmt werden sie's.

MRS. GIBBS: Vielen Dank, Howie. Sagen Sie Ihrer Frau, daß ich sie zur Hochzeit erwarte.

HOWIE NEWSOME: Ja, sie wird kommen. Sie wird dort sein, wenn sie kann. *Howie Newsome geht zu Mrs. Webbs Haus hinüber.*
Morgen, Mrs. Webb.

MRS. WEBB: Oh, guten Morgen, Mr. Newsome. Ich habe vier Flaschen Milch bestellt, aber vielleicht können Sie mir noch eine ablassen.

HOWIE NEWSOME: Ja, gn' Frau . . . und die zwei Sahne.

MRS. WEBB: Wird es wieder regnen, Mr. Newsome?

HOWIE NEWSOME: Gerade habe ich zu Mrs. Gibbs gesagt, daß es sich aufklären wird. Meine Frau läßt Ihnen bestellen, wir wünschen den beiden, daß sie sehr glücklich miteinander werden, Mrs. Webb. Bestimmt werden sie's.

MRS. WEBB *nachrufend*: Sagen Sie Ihrer Frau vielen Dank. Wir sehen Sie hoffentlich in der Kirche?

HOWIE NEWSOME: Ja, Mrs. Webb. Wir haben die Absicht, zu kommen. Das lassen wir uns nicht nehmen. Los, Bessie! *Howie Newsome ab. Dr. Gibbs kommt in Hemdsärmeln herunter und setzt sich an den Frühstückstisch.*

 DR. GIBBS: Na, Mutter, der Tag ist gekommen.

Du bist im Begriff eines deiner Küken zu verlieren.

MRS. GIBBS: Frank, nicht ein Wort mehr. Mir ist zumute, als ob ich jeden Augenblick losweinen müßte. Setz dich hin und trink deinen Kaffee.

DR. GIBBS: Der Bräutigam ist auf und rasiert sich – nur gibt's da noch nicht furchtbar viel zu rasieren. Er pfeift und singt, als ob er glücklich wäre, uns zu verlassen. Ab und zu sagt er »Ja, ich will« in den Spiegel, aber ich finde, es klingt nicht sehr überzeugend.

MRS. GIBBS: Also, ich sage dir, Frank, ich weiß nicht, wie er sich zurechtfinden wird. Ich habe seine Kleider in Ordnung gebracht und dafür gesorgt, daß er etwas Warmes anzuziehen hat. Frank! Sie sind zu jung. Emily denkt nicht an so etwas. Er wird sich in einer Woche zu Tode erkältet haben.

DR. GIBBS *lächelnd*: Wenn ich an unseren Hochzeitsmorgen denke, Julia –

MRS. GIBBS: Fang nicht davon an, Frank.

DR. GIBBS: Ich war der ängstlichste Bräutigam im ganzen Staate New Hampshire. Ich glaubte bestimmt, ich hätte einen Fehler gemacht. Und als ich dich den Gang entlangkommen sah, dachte ich, du wärest das hübscheste Mädchen, das ich je gesehen hatte – das Schlimme war nur: ich hatte dich nie vorher gesehen. Und da stand ich nun in der Kirche und heiratete eine völlig fremde Frau.

MRS. GIBBS: Und was meinst du, wie mir zumute war? Hochzeiten sind etwas Schreckliches. Eine Komödie – nichts weiter. Hier – das habe ich für dich gemacht.

DR. GIBBS: Nein, Julia! Französischer Toast!

MRS. GIBBS: Es ist leicht zu machen – und ich mußte doch wenigstens etwas für dich machen.

Pause.

DR. GIBB: Wie hast du geschlafen?

MRS. GIBBS, *am Tisch sitzend, Kaffee trinkend*: Ich habe die Uhr oft schlagen hören.

DR. GIBBS: Es gibt mir jedesmal einen Stich, wenn ich daran denke, daß George nun ein Familienvater werden soll – dieser lange Schlaks. Ich sage dir, Julia, es gibt nichts Unheimlicheres in der Welt als einen Sohn. Das Verhältnis zwischen Vater und Sohn ist das heikelste und schwierigste –

MRS. GIBBS: Das zwischen Mutter und Tochter ist auch kein reines Vergnügen, das sage ich dir.

DR. GIBBS: Sie werden es nicht leicht haben, fürchte ich, aber das ist nicht unsere Sache. Jeder muß mit sich selber fertig werden.

MRS. GIBBS: Ja – Menschen sind dafür da, zu zweit in dieser Welt zu leben. Es ist unnatürlich, allein zu sein.

DR. GIBBS, *nach einer Pause, lachend*: Weißt du, wovor ich am meisten Angst hatte, als ich dich heiratete?

MRS. GIBBS: Ach, hör auf, Frank!

DR. GIBBS: Ich dachte, der Gesprächsstoff würde uns nach ein paar Wochen ausgehen. *Beide lachen.* Ich fürchtete, wir würden schweigend unsere Mahlzeiten einnehmen müssen. Und nun unterhalten wir uns schon zwanzig Jahre lang ohne nennenswerte Schwierigkeiten.

 MRS. GIBBS: Ein Tag wie der andere – es war

nicht immer weltbewegend, aber ich habe doch immer noch etwas gefunden, worüber ich reden konnte. Hat sich Rebekka schon gemeldet?

DR. GIBBS: Nein. Dies ist der erste Morgen, an dem Rebekka oben nicht herumkommandiert. Sie hat sich in ihr Zimmer eingeschlossen. Ich glaube, sie weint.

MRS. GIBBS: Herrgott – nun aber Schluß damit! Rebekka! Rebekka! Komm zum Frühstück!

George kommt die Treppe heruntergestürzt, sehr lebhaft, und gibt seinem Vater einen Schlag auf den Rücken.

GEORGE: Guten Morgen, alle miteinander. Nur noch vier Stunden zu leben. k-k-k-k

Er macht die Bewegung des Halsabschneidens.

MRS. GIBBS: George! Wohin gehst du?

GEORGE: Nur einen Sprung über den Rasen, zu meiner Liebsten.

MRS. GIBBS: George, zieh die Gummischuhe an. Es regnet in Strömen. Du verläßt dieses Haus nicht, bevor du dich entsprechend angezogen hast.

GEORGE: Aber Mutter, es sind doch nur ein paar Schritte.

MRS. GIBBS: Du wirst dich auf den Tod erkälten und während der ganzen Trauung husten.

DR. GIBBS: George, tu, was deine Mutter dir sagt.

Dr. Gibbs geht links die Treppe hinauf. George setzt sich auf die Treppe und zieht die Gummischuhe an.

MRS. GIBBS: Von morgen ab kannst du dir den Tod holen, wo immer du willst. Aber solange du noch in meinem Haus lebst, hast du vernünftig zu sein. Vielleicht ist Mrs. Webb nicht gewöhnt, um sieben Uhr früh Besuche zu empfangen. Hier. Trink erst noch eine Tasse Kaffee.

GEORGE: Ich bin in einer Minute zurück.

Er läuft quer über die Bühne, die Pfützen überspringend, und betritt Mrs. Webbs Küche.

Guten Morgen, Mutter Webb.

MRS. WEBB: Guten Morgen, George. Gott, hast du mich erschreckt. – Hör zu, George – ich sage es ungern –, du kannst dich hier einen Augenblick unterstellen, weil es draußen regnet – aber, du verstehst mich doch, George, hereinbitten kann ich dich nicht, wirklich nicht.

GEORGE: Warum?

MRS. WEBB: Weil der Bräutigam die Braut am Hochzeitstag erst in der Kirche sehen darf. Weißt du das nicht?

GEORGE: Aber das ist doch ein Aberglaube, Mrs. Webb.

Mr. Webb tritt auf.

MR. WEBB: Guten Morgen, George.

GEORGE: Guten Morgen. Sind Sie nicht auch gegen diesen Aberglauben, Mr. Webb?

MR. WEBB: In manchem Aberglauben steckt viel Vernünftiges.

MRS. WEBB: Millionen haben daran geglaubt, George. Du wirst doch nicht als erster gegen den Brauch verstoßen.

GEORGE: Wie geht es Emily?

MRS. WEBB: Sie schläft noch. Ich habe noch keinen Ton von ihr gehört.

GEORGE: Emily schläft?

Mrs. Webb: Kein Wunder! Wir sind schrecklich lange aufgeblieben – all das Nähen und Pakken. Weißt du was? Du setzt dich hier einen Augenblick hin und trinkst eine Tasse Kaffee mit Mr. Webb, und ich gehe inzwischen hinauf und passe auf, daß sie nicht herunterkommt und dich hier erwischt. Da ist auch noch etwas gebratener Speck, aber bleib nicht zu lange.

Mrs. Webb ab. Lange Pause. Verlegenes Schweigen. Sie rühren ihren Kaffee um, trinken und werfen einander verstohlene Blicke zu.

Mr. Webb *plötzlich, überlaut*:
Nun, George, wie geht's?

George: Danke vielmals, sehr gut –
Mr. Webb, was kann dieser Aberglaube für einen Sinn haben?

Mr. Webb: Ja, siehst du – am Hochzeitsmorgen hat ein Mädchen eine Menge Sachen im Kopf – Kleider und ähnliches. Glaubst du nicht, daß es damit zu tun hat?

George: Ja-a-a-a. Daran habe ich noch nie gedacht.

Mr. Webb: Mächtig nervös muß ein Mädchen am Hochzeitstag sein.

Pause.

George: Ich wünschte, man könnte heiraten, ohne all dies feierliche Auf- und Abmarschieren.

Mr. Webb: Es hat noch keinen Mann gegeben, der nicht so gedacht hätte wie du – und was hat es genützt? Die Frauen haben die Hochzeiten erfunden, mein Junge. Ein Mann schneidet nicht allzu gut dabei ab. Da stehen sie nun, Schulter an Schulter, all die lieben Frauen, und passen auf, daß der Knoten fest genug geknüpft wird – und daß alle Welt es auch sieht.

GEORGE: Aber ... Sie sind doch für die Ehe, Mr. Webb, nicht wahr?

MR. WEBB: Ja.

Und dann plötzlich laut und herzhaft:

O ja. Versteh mich nicht falsch, mein Junge. Die Ehe ist etwas Wunderbares – etwas Wunderbares. Vergiß das nicht, George.

GEORGE: Bestimmt nicht. – Wie alt waren Sie, als Sie sich verheirateten?

MR. WEBB: Ich hatte die Universität gerade hinter mir, und es dauerte eine Weile, bis ich mich in meinem Beruf zurechtfand. Mrs. Webb war nicht viel älter als Emily heute. Aber das Alter hat nicht viel damit zu tun, George – verglichen mit andern Dingen.

GEORGE: Was wollten Sie sagen, Mr. Webb?

MR. WEBB: Wie? Ich weiß nicht – wollte ich etwas sagen?

Ausholend, nach kurzer Pause:

George, neulich nacht habe ich an den Rat gedacht, den mein Vater mir gab, als ich mich verheiratete. »Charles«, sagte er, »fange frühzeitig an, ihr zu zeigen, wer der Herr im Haus ist. Das beste ist, du befiehlst ihr irgend etwas zu tun, auch wenn es keinen Sinn hat – damit sie gehorchen lernt«, sagte er. Und dann hat er gesagt: »Wenn dir etwas an deiner Frau auf die Nerven geht – die Art, wie sie spricht, oder irgend etwas –, steh auf und verlasse sofort das Haus. Dann weiß sie, woran sie ist.« Ach, richtig, und dann sagte er noch:

»Deine Frau darf niemals wissen, wieviel Geld du hast. Niemals.«

GEORGE: Nun, Mr. Webb ... Ich glaube, ich könnte nicht ...

MR. WEBB: Ich habe also das Gegenteil von dem getan, was mein Vater mir geraten hat, und seitdem bin ich sehr glücklich. Laß es dir eine Lehre sein, George: niemals jemanden in Privatangelegenheiten um Rat zu fragen! *Sachlich.* George, wirst du Hühner züchten auf deiner Farm?

GEORGE: Was?

MR. WEBB: Wirst du Hühner züchten auf deiner Farm?

GEORGE: Onkel Lukas hat sich nie sehr dafür interessiert, aber ich dachte –

MR. WEBB: Neulich wurde mir ein Buch auf die Redaktion geschickt, ein Buch über Hühnerzucht, nach dem Philo-Verfahren. Ich möchte, daß du es liest. Ich habe mir gedacht, hinten auf dem Hof in kleinem Rahmen damit anzufangen, und ich werde mir einen Brutapparat in den Keller stellen –

Eintritt Mrs. Webb.

MRS. WEBB: Schon wieder dieser alte Brutapparat. Ich dachte, ihr beide hättet heute Wichtigeres zu besprechen.

MR. WEBB: Wenn du dem Jungen Ratschläge geben willst, so gehe ich inzwischen nach oben.

MRS. WEBB: Emily muß jeden Augenblick zum Frühstück herunterkommen, George. Sie läßt dir sagen, daß sie dich liebt, aber du sollst ihr nicht unter die Augen kommen. Auf Wiedersehen.

GEORGE: Auf Wiedersehen!

George geht quer über die Bühne zu seinem Haus, wobei er wiederum einige Pfützen überspringt, und verschwindet.

MR. WEBB *aufstehend*:

Myrtle, du weißt anscheinend nichts von jenem anderen Aberglauben, der noch älter ist?

MRS. WEBB: Was meinst du?

MR. WEBB: Schon die Höhlenmenschen wußten: Man darf den Bräutigam am Hochzeitstag nicht mit dem Schwiegervater allein lassen. Merk dir das!

SPIELLEITER: Danke vielmals, Mr. und Mrs. Webb.

Ich muß hier wieder einmal unterbrechen. Sehen Sie, wir möchten gern wissen, wie all dies begann – die Hochzeit, der Plan, ein Leben miteinander zu verbringen. Ich möchte furchtbar gern erfahren, wie so große Dinge überhaupt zustande kommen.

Sie wissen, wie's ist: man ist einundzwanzig oder zweiundzwanzig und trifft ein paar Entscheidungen, und dann – huiii – ist man siebzig. Fünfzig Jahre lang bist du Rechtsanwalt gewesen, und die weißhaarige Dame an deiner Seite hat über fünfzigtausend Mahlzeiten mit dir gegessen. Wie fängt so etwas an?

George und Emily werden Ihnen jetzt dieselbe Unterhaltung vorführen wie damals, als sie zum erstenmal fühlten, daß sie ... wie man zu sagen pflegt – ... füreinander bestimmt wären. Aber bevor wir dazu übergehen, bitte ich Sie, sich einen Augenblick lang vorzustellen, wie Ihnen selbst damals zumute war, als Sie noch jung waren und zum erstenmal liebten und wie im Schlaf umhergingen und nicht genau wußten, wo Sie gingen, und nicht genau zuhörten, wenn man Ihnen etwas sagte. Sie waren, ganz einfach, ein wenig verrückt. Bitte vergessen Sie das nicht.

Während des Folgenden beginnt der Spielleiter den Tisch aus der Gibbsschen Küche fortzuschaffen, die beiden Stühle davor nach innen zu drehen, so daß sie jetzt mit den Rücken zueinander stehen, und darüber ein Brett zu legen. Dies deutet die Theke in Mr. Morgans Drugstore an. Er stellt zwei hohe Hocker dahinter auf.

Also – um drei kommen sie aus der Schule. George ist soeben zum Präsidenten der Schülerorganisation gewählt worden. Emily zum Sekretär und Schatzmeister. Ich brauche Ihnen nicht zu sagen, wie wichtig das ist.

Der Spielleiter hat seine Vorbereitungen beendet.

Jetzt kommen sie die Hauptstraße herunter.

Emily, eine Anzahl von – imaginären – Schulbüchern unter dem Arm, kommt von links die Hauptstraße entlang.

EMILY: Ich kann nicht, Louise. Ich muß nach Hause. Auf Wiedersehen. Ach, Ernestine! Ernestine! Kannst du heute abend herüberkommen und etwas Latein mit mir arbeiten? Ist der Cicero nicht schrecklich? Sag deiner Mutter, du mußt. Wiedersehen, Wiedersehen, Helen, Wiedersehen, Fred.

George, ebenfalls Bücher unter dem Arm, holt sie ein.

GEORGE: Kann ich dir die Bücher nach Hause tragen, Emily?

EMILY *kühl*: Danke schön, ich habe es nicht weit.

Sie gibt sie ihm.

GEORGE: Entschuldige mich einen Augenblick, Emily. – Du, Bob, wenn ich etwas später komme, so kannst du trotzdem schon zu üben anfangen. Laß Herb ein paar hohe Bälle schlagen.

EMILY: Auf Wiedersehen, Lizzy.

GEORGE: Auf Wiedersehen, Lizzy. – Ich bin schrecklich froh, daß du auch gewählt worden bist, Emily.

EMILY, *noch immer kühl*: Das ist nett von dir.

Sie stehen auf der Hauptstraße, nahe der hinteren Wand. George ist im Begriff, ein paar Schritte in Richtung auf das Publikum zu machen, als er anhält und sagt:

GEORGE: Emily, was hast du gegen mich?

EMILY: Ich habe nichts gegen dich.

GEORGE: Doch ... du bist so komisch zu mir.

EMILY: Nun, da du mich fragst, kann ich es dir ja ins Gesicht sagen, George. – Auf Wiedersehen, Miss Corcoran.

GEORGE: Auf Wiedersehen, Miss Corcoran. Was – ist es?

EMILY: Ich mag es nicht, wie du dich im letzten Jahr verändert hast. Es tut mir leid, wenn dich das verletzen sollte. Aber ich muß dir die Wahrheit sagen, auch wenn es dich kränkt.

GEORGE: Ich mich verändert? Inwiefern?

EMILY: Bis vor einem Jahr hatte ich dich nämlich sehr gern. Ich habe dich immerzu beobachtet, bei allem, was du tatest – ... weil wir doch schon so lange befreundet waren ... und dann hast du die ganze Zeit über nichts anderes getan als Baseball gespielt ... und hast mit niemandem mehr gesprochen, nicht einmal mit deiner eigenen Familie – ich meine: richtig gesprochen. Und, George, glaube mir, seitdem sie dich zum Kapitän der Mannschaft machten, bist du furchtbar hochmütig geworden und eingebildet, und alle Mädchen sagen das von dir. Und es tut mir weh, wenn sie so von dir sprechen, aber dann muß ich ihnen doch irgendwie auch wieder recht geben, weil es nämlich stimmt ...

GEORGE: Herrgott, ich hab' ja gar nicht gewußt, daß ich so geworden bin. Wahrscheinlich ist es furchtbar schwer für unsereinen, ganz ohne Fehler zu sein.

Sie gehen schweigend ein oder zwei Schritte, bleiben dann stehen, in großer Niedergeschlagenheit.

EMILY: Ich erwarte stets von einem Mann, daß er vollkommen ist, und ich glaube, er sollte es sein.

GEORGE: Oh ... ich glaube nicht, daß es möglich ist, vollkommen zu sein, Emily.

EMILY: Mein Vater ist es, und, soweit ich das beurteilen kann, dein Vater auch. Es besteht kein Grund auf Erden, warum du es nicht auch sein solltest.

GEORGE: Ich glaube, es ist genau umgekehrt. Männer sind von Natur aus nicht gut, aber Mädchen sind es.

EMILY: Da muß ich dir aber gleich sagen, daß ich nicht vollkommen bin. Es ist nicht so leicht für ein Mädchen, vollkommen zu sein, wie für einen Mann, weil wir Mädchen eben – nervöser sind. – Aber jetzt tut es mir wirklich leid, daß ich all das über dich gesagt habe. Ich weiß nicht, was über mich gekommen ist. *Weint.*

GEORGE: Emily –

EMILY: Das Ganze ist überhaupt nicht wahr. Und im übrigen ist es auch ganz unwichtig.

GEORGE: Emily, möchtest du ein Eiscream-Soda oder irgend etwas, bevor du nach Hause gehst?

EMILY: Ja . . . danke vielmals.

Sie gehen ein paar Schritte nach vorn, die Hauptstraße entlang.

GEORGE: Hallo, Fred, wie geht's? Guten Tag, Mrs. Slocum.

Sie betreten den Drugstore und setzen sich auf die Hocker, mit dem Gesicht zum Publikum.

SPIELLEITER, *Mr. Morgan darstellend*:

Guten Tag, George. Guten Tag, Emily. Was möchtet ihr haben? Wie? Was sehe ich, Emily Webb – du hast geweint? Worüber denn?

GEORGE *nach einer Erklärung suchend*:

Sie . . . sie ist eben furchtbar erschrocken, Mr. Morgan. Beinahe wäre sie überfahren worden – von dem Wagen, der dem Eisenwarengeschäft gehört. Alle beklagen sich darüber, daß Tom Huckins wie ein Verrückter fährt.

SPIELLEITER: Hier, Emily, trink einen ordentlichen Schluck Wasser. Du siehst völlig verstört aus.

Er dreht einen imaginären Hahn auf, als ob er Wasser in ein Glas füllen wollte, und reicht es Emily.

Ich sage Ihnen, heutzutage muß man sich nach rechts und links umsehen, bevor man die Hauptstraße überquert. Und es wird mit jedem Jahr schlimmer. – So. – Was kann ich euch geben?

EMILY: Ich möchte eine Erdbeerlimonade, Mr. Morgan.

GEORGE: Nein, nein, ich lade dich zu einem Eiscream-Soda ein.

EMILY *zögernd*: Nun, dann –

GEORGE: Zwei Erdbeer-Eiscream mit Soda, Mr. Morgan.

SPIELLEITER *mit dem Gesicht zum Publikum, an den – imaginären – Hähnen manipulierend*:
Zwei Erdbeer-Eiscream mit Soda – geht in Ordnung. Ich sage Ihnen, in diesem selben Augenblick gibt es einhundertundfünfundzwanzig Pferde in Grover's Corners. Der Mann vom Landwirtschaftsamt war gestern hier. Und jetzt haben sie da diese Au-to-mobile aufgebracht. Am besten, man bleibt überhaupt zu Hause. Ich entsinne mich noch einer Zeit, da konnte ein Hund den ganzen Tag mitten auf der Hauptstraße liegen, ohne von irgend etwas gestört zu werden. – Hier sind die Sodas.
Nach rechts, zu einem imaginären Gast:
Ja, Mrs. Ellis. Ich bin gleich bei Ihnen.
Geht nach rechts ab.

EMILY *bewundernd*: So etwas Teures.

GEORGE: Nein, nein – kümmere dich nicht darum. Wir haben etwas zu feiern. Erstens, daß wir gewählt worden sind. Und weißt du, was ich noch feiern möchte?

EMILY: Nein.

GEORGE: Daß ich einen Freund gefunden habe, der mir genau all das sagt, was man mir sagen muß.

EMILY: Vergiß es, George, bitte. Ich weiß nicht, warum ich es gesagt habe. Es ist nicht wahr. Du bist –

GEORGE: Nein, du mußt dazu stehen, Emily. Ich bin froh, daß du so mit mir gesprochen hast. Aber du wirst sehen: ich werde mich sehr schnell ändern – bestimmt. Emily, willst du mir einen Gefallen tun?

EMILY: Ja, was ist es?

GEORGE: Emily, wenn ich nächstes Jahr auf die Landwirtschaftliche Hochschule gehe – wirst du mir dann ab und zu auch mal schreiben?

EMILY: Natürlich, George. Natürlich werde ich dir schreiben. *Pause.*

Aber vielleicht wirst du nach drei Jahren gar nicht mehr so viel über Grover's Corners wissen wollen. Vielleicht werden dich Briefe von hier nach einer Weile gar nicht mehr interessieren. Grover's Corners ist nicht so sehr wichtig, wenn man – an ganz New Hampshire denkt –, aber es ist doch eine sehr hübsche Stadt, glaube ich.

GEORGE: Das wird nie geschehen. Ich werde immer alles über unsere Stadt wissen wollen. Du mußt mir das glauben, Emily.

EMILY: Nun, ich will versuchen, meine Briefe interessant zu machen. *Pause.*

GEORGE: Weißt du – wenn ich einen Farmer treffe, so frage ich ihn immer, ob man denn unbedingt auf die Landwirtschaftliche Hochschule gehen muß, um ein guter Farmer zu werden.

EMILY: Wirklich, George?

GEORGE: Ja, und einige behaupten sogar, es wäre eine Zeitverschwendung. Man kann das alles ebensogut auch aus den Broschüren lernen, die von der Regierung verschickt werden. Und Onkel Lukas wird nun auch alt – und wartet nur darauf, daß ich seine Farm übernehme, am liebsten morgen, wenn ich wollte.

EMILY: Mein Gott!

GEORGE: Und was du da vorhin sagtest, ich meine über das lange Fortsein – an fremden Orten und mit fremden Leuten . . . Wenn so etwas möglich ist, dann will ich gar nicht erst fortgehen. Ich glaube, die neuen Leute, die man trifft, sind nicht viel besser als die alten. Bestimmt nicht, ich meine, fast nie. Emily, ich finde, daß ich gar keinen besseren Freund haben könnte als dich. Wozu soll ich dann überhaupt noch fortgehen und die Menschen in den anderen Städten kennenlernen?

EMILY: Aber George, es ist vielleicht sehr wichtig für dich, fortzugehen und all das zu lernen, über Viehzucht und Bodenbeschaffenheit und – so weiter . . . Aber natürlich, ich weiß ja nicht . . .

GEORGE *nach einer Pause*:
Emily, ich werde mich sofort entscheiden, hier, auf der Stelle. Ich gehe nicht fort. Ich werde heute abend mit Vater sprechen.

EMILY: Aber George, ich sehe nicht ein, warum du dich sofort entscheiden mußt. Es ist noch ein ganzes Jahr bis dahin.

GEORGE: Emily, ich bin froh, daß du mit mir über diesen . . . diesen Fehler in meinem Charakter gesprochen hast. Und du hast recht mit dem, was du gesagt hast; nur eins stimmt nicht, ich meine, wenn du sagst, daß ich ein ganzes Jahr lang niemanden beachtet hätte, und ... zum Beispiel, dich. Hör zu, Emily ... du sagst, du hast mich beobachtet bei allem, was ich tat ... Nun, ich habe dich auch die ganze Zeit über beobachtet. Wirklich, ich dachte immer von dir, daß du zu den Menschen gehörtest ... an die ich am meisten dachte. Immer habe ich zuerst wissen wollen, wo du auf den Tribünen sitzt und mit wem, und seit drei Tagen versuche ich nun, dich auf dem Nachhauseweg zu begleiten, aber immer kam da irgend etwas dazwischen. Gestern, zum Beispiel, stand ich dort an der Mauer und wartete auf dich, und dann gingst du mit Miss Corcoran nach Hause.

EMILY: George ...! Das Leben ist furchtbar komisch! Wie hätte ich das ahnen können! Sieh mal, ich dachte –

GEORGE: Hör zu, Emily, ich will dir sagen, warum ich nicht auf die Landwirtschaftliche Hochschule gehen werde ... Ich glaube, wenn du einmal einen Menschen gefunden hast, den du sehr gern hast ... ich meine, einen Menschen, der dich auch sehr gern hat ... jedenfalls gern genug, um sich für deinen Charakter zu interessieren ... Nun, ich glaube, das ist genau so wichtig wie Studieren, oder sogar noch wichtiger. Das ist meine Meinung.

EMILY: Ich finde es auch schrecklich wichtig.

GEORGE: Emily.

EMILY: Ja, George.

GEORGE: Emily, wenn ich mich nun bessern und von Grund auf ändern sollte – würdest du ... ich meine, wärest du imstande ...

EMILY: Ich ... ich bin es schon, ich war es immer.

GEORGE *Pause*: Ich glaube, wir haben da eben eine sehr wichtige Unterredung miteinander gehabt.

EMILY: Ja.

Beide beugen sich über ihren Eiscream-Soda und leeren die Gläser.

GEORGE *tief Atem holend und sich aufrichtend*: Warte einen Augenblick, ich bringe dich gleich nach Hause.

Beide stehen auf. Emily geht einige Schritte nach hinten und bleibt stehen, als ob sie an der Tür des Drugstores wartete. George durchsucht in wachsender Panik seine Taschen nach Geld. Der Spielleiter tritt von rechts auf.

Mr. Morgan, ich muß nach Hause gehen und mir Geld holen.

SPIELLEITER *mit gespielter Entrüstung*: Was! George Gibbs, willst du etwa damit sagen, daß du –!

GEORGE: Ja, aber ich hatte meine Gründe, Mr. Morgan. – Sehen Sie, hier ist meine goldene Uhr. Sie können sie als Pfand behalten, bis ich Ihnen das Geld bringe.

SPIELLEITER *freundlich*: Geht in Ordnung. Behalte deine goldene Uhr. Ich geb' dir Kredit.

GEORGE: Ich bin in fünf Minuten wieder hier.

SPIELLEITER: Zehn Jahre gebe ich dir Kredit, George – keinen Tag länger. Hast du dich von dem Schrecken erholt, Emily?

EMILY: Ja, danke vielmals, Mr. Morgan. Es war nicht schlimm.

GEORGE *nimmt die Bücher von der Theke*: Ich bin fertig.

Sie gehen in tiefem Schweigen nach hinten, machen eine Wendung und gehen über die Hauptstraße nach links ab.

DER SPIELLEITER *beobachtet sie lächelnd, bis sie verschwunden sind, nimmt dann seine Brille ab, dreht sich zum Publikum um und sagt:* Und jetzt können wir mit der Hochzeit fortfahren.

Er wartet, bis die Bühnenarbeiter die Stühle, Tische und Spaliere fortgetragen und andere Stühle – im ganzen drei Reihen – aufgestellt haben, welche die Bänke in einer Kirche andeuten sollen, wobei die Gemeinde mit dem Rücken zum Publikum sitzt.

In der Mitte der Bühne bleibt ein Gang frei. Gegen die Hinterwand wird ein kleines Podium gestellt, das der Spielleiter später besteigt, wenn er die Rolle des Geistlichen übernimmt.

Es gibt viel über eine Hochzeit zu sagen: und es gibt vieles, worüber man nachdenken kann, während einer Hochzeit.

Wir können nicht alles in *eine* Hochzeit hineinbringen, und vor allem nicht in Grover's Corners, wo die Hochzeiten ohnehin schon besonders kurz und schmucklos sind.

Bei dieser Hochzeit hier spiele ich den Geistlichen. Das gibt mir das Recht, etwas mehr darüber zu sagen.

Wie meinte Mrs. Gibbs vorhin? »Die Menschen sind dafür da, zu zweit zu leben.«

Übrigens ist der wahre Held dieser Szene gar nicht auf der Bühne. Sie wissen, was ich meine. Einer von denen drüben in Europa hat gesagt: Jedes in die Welt gesetzte Kind ist ein

Versuch der Natur, einen vollkommenen Menschen hervorzubringen. Nun, wir haben jetzt die Natur eine Zeitlang ihr Spiel treiben sehen. Wir wissen, daß sie an Quantität interessiert ist, aber ich glaube, sie ist auch an Qualität interessiert – darum bin ich Geistlicher geworden. Und vergessen Sie nicht die anderen Zeugen bei dieser Hochzeit: unsere Vorfahren. Millionen von Vorfahren. Die meisten zogen es vor, ebenfalls zu zweit zu leben. Millionen Vorfahren.

Das ist meine ganze Predigt. Zu lang war's bestimmt nicht.

Die Orgel beginnt Händels »Largo« zu spielen. Die Gemeinde strömt in die Kirche und setzt sich schweigend nieder.

Auf dem Weg zu ihrem Platz dreht Mrs. Webb sich um und spricht in den Zuschauerraum.

MRS. WEBB: Ich weiß wahrhaftig nicht, warum ich weinen sollte. Worüber sollte ich denn auch weinen? Es kam nur so über mich beim Frühstück, heute morgen. Da saß Emily und frühstückte, wie sie es siebzehn Jahre lang getan hatte, und nun geht sie fort, um in dem Haus eines andern zu frühstücken. Das war's, glaube ich. Und dann sagte sie plötzlich: Ich kann keinen Bissen mehr herunterbekommen und legte den Kopf auf den Tisch und fing zu weinen an.

Im Begriff, zu ihrem Platz in der Kirche zu gehen, dreht sie sich noch einmal um und sagt:

Das eine muß ich noch sagen: es ist furchtbar grausam, die Mädchen so in die Ehe zu schikken. Es ist grausam, und trotzdem habe ich es nicht über mich bringen können, ihr etwas zu sagen. Ich selbst bin damals blind wie eine Fledermaus hineingegangen. Die Welt ist vollkommen verkehrt eingerichtet; das ist das Schlimme.

Sie geht eilig zu ihrem Platz in der ersten Sitzreihe links. George geht durch den rechten Gang im Zuschauerraum auf die Bühne zu.

Plötzlich erscheinen am rechten Proszeniumspfeiler drei Mitglieder seiner Baseball-Mannschaft und empfangen ihn mit Pfeifen und Zurufen. Sie tragen ihre Sportkleidung.

DIE BASEBALL-SPIELER: He, George, George! – Hsst! A-hu! Sieh nicht so unschuldig drein, alter Schlingel . . . Wir wissen schon, woran du denkst. Mach der Mannschaft keine Schande, alter Junge, hu-u!

SPIELLEITER: So, das genügt! Schluß damit! Aus! *Er treibt sie lächelnd von der Bühne. Beim Hinausgehen rufen sie noch einiges johlend zurück.*

Früher soll es bei Hochzeiten noch ganz anders zugegangen sein – im alten Rom, und dann später. Angeblich sind wir heute zivilisierter.

Der Chor beginnt zu singen: »Göttliche Liebe, dir gleicht keine andere«. George hat die Bühne erreicht. Er starrt einen Augenblick lang auf die Versammlung, zieht sich dann einige Schritte in Richtung auf den Pfeiler des rechten Proszeniums zurück, mit dem Gesicht zum Publikum.

Mrs. Gibbs steht von ihrem Platz in der ersten Reihe rechts auf und wendet sich dem Publikum zu. Während des folgenden Dialogs – der die Gedanken, die in ihnen vorgehen, widerspiegelt – sprechen sowohl George als auch seine Mutter in den Zuschauerraum hinunter, ohne einander anzusehen.

MRS. GIBBS: George! George! Was ist mit dir?

GEORGE: Ich will nicht erwachsen werden, Mutter. Warum drängen mich alle so?

MRS. GIBBS: Aber George ... du hast es doch selbst gewollt.

GEORGE: Warum muß ich überhaupt heiraten? Mutter, zum letzten mal frage ich dich –

MRS. GIBBS: Nein, nein, George ... du bist jetzt ein Mann.

GEORGE: Hör doch zu, Mutter. Nie hörst du mir zu, wenn ich dir etwas sage. Ich will kein Mann sein ... warum müßt ihr –

MRS. GIBBS: George! Wenn dich jemand hört! Genug jetzt. Ich muß mich ja deiner schämen.

GEORGE *streicht sich mit der Hand übers Gesicht, als erwachte er aus einem Traum.*
Was ist mit mir? Wo ist Emily?

MRS. GIBBS *erleichtert*: George! Du hast mich jetzt aber wirklich erschreckt.

GEORGE: Freu dich, Mutter. Freu dich. Ich bin im Begriff zu heiraten.

MRS. GIBBS: Laß mich einen Augenblick Atem schöpfen.

GEORGE: Mutter, die Donnerstagabende hältst du dir frei. Emily und ich werden jeden Donnerstagabend zum Essen kommen ... du wirst sehen. Mutter, warum weinst du? Komm, wir müssen uns jetzt darauf vorbereiten.

Inzwischen ist Emily in weißem Brautkleid durch den Gang im Zuschauerraum gekom-

men und auf die Bühne gegangen. Auch sie weicht beim Anblick der in der Kirche Versammelten zurück. Der Chor beginnt sehr leise: »Gesegnet sei das Band, das bindet«.

EMILY: Noch nie in meinem Leben habe ich mich so verlassen gefühlt. Und George, dort drüben, er sieht so ...! Ich hasse ihn. Ich wünschte, ich wäre tot. Papa! Papa!

MR. WEBB *steht von seinem Platz in der ersten Sitzreihe auf und geht ängstlich auf sie zu:* Emily, Emily! Du mußt dich nicht aufregen ...!

EMILY: Aber, Vater, – ich möchte nicht heiraten ...

MR. WEBB: Pst-pst – Emily. Alles wird gut gehen.

EMILY: Warum kann ich nicht noch eine Weile so bleiben, wie ich bin? Laß uns fortgehen.

MR. WEBB: Nein, nein, Emily. Hör auf, sei vernünftig.

EMILY: Weißt du nicht mehr, daß du immer gesagt hast – die ganze Zeit hast du gesagt, ich wäre dein Mädchen. Es muß viele Orte geben, wo wir zusammen hingehen könnten. Ich will für dich arbeiten. Ich will die Wirtschaft führen.

MR. WEBB: Pst ... du darfst nicht an so etwas denken. Du bist nur etwas aufgeregt, Emily. Komm, komm – du heiratest den besten Jungen auf der ganzen Welt. George ist ein feiner Kerl.

EMILY: Ja, aber Papa –

MR. WEBB: George! George!

Mrs. Gibbs kehrt an ihren Platz zurück. George hört Mr. Webb rufen und sieht auf. Mr.

Webb winkt ihm. Sie gehen zur Bühnenmitte.
Ich gebe meine Tochter fort, George. Glaubst du, für sie sorgen zu können?

GEORGE: Mr. Webb, ich möchte es ... ich möchte es versuchen. Emily, ich will mein Bestes für dich tun. Ich liebe dich, Emily. Ich brauche dich.

EMILY: Wenn du mich liebst, so hilf mir doch. Ich will ja nichts weiter, als daß jemand mich liebt.

GEORGE: Emily, ich will es versuchen. Ich will es versuchen.

EMILY: Und für immer, das meine ich. Hörst du mich? Für immer und ewig ...

Sie fallen einander in die Arme. Man hört den Marsch aus »Lohengrin«.

MR. WEBB: Komm, sie warten auf uns. Jetzt weißt du: alles wird gut werden. Komm, schnell. *George stiehlt sich fort und stellt sich neben den als Geistlichen amtierenden Spielleiter. Emily geht am Arm ihres Vaters weiter.*

SPIELLEITER: Bist du, George Gibbs, gewillt, dieses Mädchen Emily zum Weibe zu nehmen ...

Mrs. Soames, in der letzten Reihe sitzend, wendet sich nun mit schriller Stimme an ihre Nachbarn, so daß die folgenden Worte des Geistlichen unhörbar werden.

MRS. SOAMES: Ist das nicht eine entzückende Hochzeit? Noch nie habe ich eine so entzückende Hochzeit gesehn. Ach, ich habe Hochzeiten so wahnsinnig gern. Sie nicht? Ist sie nicht eine entzückende Braut?

GEORGE: Ja.

SPIELLEITER: Bist du, Emily Webb, gewillt, diesen Mann George zum Ehegemahl zu nehmen.

Die Orgel setzt ein.

MRS. SOAMES: Wüßte nicht, wann ich je eine so entzückende Hochzeit gesehen hätte. Aber ich muß immer weinen. Ich weiß nicht, warum es so ist, aber ich muß immer weinen. Ich sehe für mein Leben gern, wenn junge Menschen glücklich sind. Sie nicht? Ach, ich finde, es ist entzückend.

Der Ring.

Der Kuß.

Die Szene erstarrt plötzlich zum lebenden Bild.

Der Spielleiter, die Augen in die Ferne gerichtet, gibt seinen Gedanken laut Ausdruck.

SPIELLEITER: Zweihundert Paare habe ich in meinem Leben verheiratet.

Ob ich etwas davon halte?

Ich weiß nicht.

M ... heiratet N ... Millionen tun das. Das kleine Häuschen, der Kinderwagen, der Sonntagsnachmittagsausflug im Ford, der erste Rheumatismus, die Enkel, der zweite Rheumatismus, das Totenbett, die Verlesung des Testaments – einmal unter Tausenden ist es interessant.

Nun den »Hochzeitsmarsch« von Mendelssohn, wenn ich bitten darf.

Die Orgel nimmt den Marsch auf.

Braut und Bräutigam kommen den Gang entlang nach vorn, strahlend, dennoch bestrebt, sehr würdevoll auszusehen.

MRS. SOAMES: Ist es nicht ein entzückendes Paar? Ach, ich war noch nie bei einer so hübschen Hochzeit. Ich glaube bestimmt, sie werden sehr glücklich werden. Ich sage immer, Glück, nur darauf kommt es an. Das Wichtigste im Leben ist, glücklich zu sein. *Braut und Bräutigam sind jetzt bei den Stufen angelangt, die in den Zuschauerraum führen. Ein heller Lichtschein fällt auf sie. Sie steigen in den Zuschauerraum und laufen in Glückseligkeit den Gang hinauf.*

SPIELLEITER: Das wäre also der zweite Akt. Zehn Minuten Pause, liebe Leute.

Dritter Akt

Während der Pause haben zwei Bühnenarbeiter vor den Augen des Publikums die Bühne hergerichtet. Auf der rechten Seite, ein wenig rechts von der Mitte, sind zehn oder zwölf gewöhnliche Stühle in drei Reihen, durch Zwischenräume voneinander getrennt und mit der Vorderseite zum Publikum, aufgestellt worden. Es sind die Gräber des Friedhofs.

Gegen Ende der Pause treten die Schauspieler auf und nehmen ihre Plätze ein. In der vordersten Reihe, gegen Mitte der Bühne, ein leerer Stuhl; dann kommen Mrs. Gibbs, Simon Stimson. In der zweiten Reihe, unter anderen, Mrs. Soames. In der dritten Reihe Willy Webb. Die Toten sitzen ruhig, aber nicht steif; geduldig, aber nicht teilnahmslos auf ihren Stühlen. Der Spielleiter steht wieder an der gewohnten Stelle und wartet auf das Dunkelwerden des Zuschauerraumes.

SPIELLEITER: Diesmal sind neun Jahre vergangen, Freunde – Sommer 1913.

In Grover's Corners hat sich manches verändert. Die Pferde sind seltener geworden. Die Farmer fahren jetzt in Fordautomobilen zur Stadt.

Jeder verriegelt jetzt am Abend seine Haustür. Es ist zwar noch immer nicht eingebrochen worden, aber alle wollen davon gehört haben. Und doch würden Sie überrascht sein, wie wenig sich hier geändert hat.

Dies ist ein wichtiger Teil von Grover's Corners. Wunderschön gelegen. Auf einem Hügel – windumweht – viel Himmel – viel Wolken – oft auch viel Sonne und Mond und Sterne. Sie kommen an einem schönen Nachmittag hier herauf und sehen eine Hügelkette nach der andern – furchtbar blau sind sie – dort oben am Sunapee-See und am Winnapassaukee-See . . . und wenn Sie ein Fernglas bei sich haben, können Sie die White Mountains sehen und den Mount Washington – und, natürlich, auch unsern Lieblingsberg, den Mount Monadnock, gleich hier – und ringsherum all die kleinen Orte – Jaffrey, und East Jaffrey, und Peterborough, und Dublin, und

in den Zuschauerraum hinunterzeigend

dort, ziemlich weit unten, ist Grover's Corners. Ja, schön ist es hier oben. Wilder Lorbeer und Flieder. Ich habe mich oft gefragt, warum die Leute durchaus in Woodlawn oder Brooklyn begraben werden wollen, wo sie doch ebensogut ihre Zeit hier oben in New Hampshire verbringen könnten. Dort drüben, in der Ecke

auf die linke Seite der Bühne zeigend

sind die alten Grabsteine – 1680, 1690. Starke, ungebrochene Menschen, die von weit her kamen, um unabhängig zu werden.

Und hier sind auch einige Veteranen aus dem Bürgerkrieg. Eiserne Flaggen über ihren Gräbern – Jungens aus New Hampshire . . . stellten sich vor, daß die Union zusammenbleiben müßte, obwohl sie selbst nie mehr als fünfzig Meilen von ihr gesehen hatten. Das einzige, was sie kannten, war der Name, Freunde – Vereinigte Staaten von Amerika. Und deswegen starben sie.

Dies ist der neue Teil des Friedhofs. Hier ist Ihre Freundin, Mrs. Gibbs. Und hier, lassen Sie mich mal sehen – hier ist Mr. Stimson, der Kirchenorganist. Und dort drüben ist Mrs. Soames, der die Hochzeit so gut gefiel – wissen Sie noch? Ach, und viele andere. Und der Sohn von Redakteur Webb, dessen Blinddarm bei einem Pfadfinder-Marsch aufplatzte.

Ja, schrecklich viel Leid und Kummer ist hier oben irgendwie zur Ruhe gekommen. Leute, die sich vor Schmerz nicht zu fassen wußten, haben ihre Angehörigen auf diesen Hügel gebracht. Dann, mit der Zeit . . . ein Tag Sonne . . . ein Tag Regen . . . und Schnee . . . Wir freuen uns alle darüber, daß sie es hier oben so gut haben, und wir werden selbst einmal hier heraufkommen, wenn unser Kampf vorüber ist.

Und jetzt werde ich Ihnen einiges sagen, das Sie wahrscheinlich schon wissen. Aber es ist Ihnen nicht gegenwärtig, und Sie beschäftigen sich nicht oft damit. Wie man es nennt, ist mir einerlei – aber es gibt etwas, das ewig ist. Und das sind nicht die Häuser und nicht die Namen, das ist nicht die Erde, und das sind nicht einmal die Sterne ... ein jeder spürt es in seinen Knochen, daß etwas ewig ist, und dieses Etwas hat mit den Menschen zu tun. Die Größten aller Zeiten haben uns das seit fünftausend Jahren erzählt, und doch vergessen es die Leute immer wieder. Etwas gibt es da tief im Innern eines jeden Menschen, das unsterblich ist.

Pause.

Sie wissen, daß die Toten nicht lange an uns Lebenden interessiert bleiben. Allmählich, sehr allmählich lösen sie sich von der Erde ... von den Dingen, die sie planten ... von den Freuden, die sie genossen ... von den Leiden, die sie litten ... und von den Menschen, die sie liebten.

Sie werden der Erde entwöhnt – so möchte ich es ausdrücken – der Erde entwöhnt.

Und doch, während ihr irdischer Teil verbrennt, ausbrennt, bleiben sie hier, und in dieser Zeit wird ihnen das, was in Grover's Corners geschieht, nach und nach immer gleichgültiger.

Sie warten. Sie warten auf etwas, das sie kommen fühlen. Etwas Großes und Bedeutendes. Warten sie nicht darauf, daß das, was ewig in ihnen ist, klar hervortrete? Manches, was sie sagen werden, wird vielleicht Ihre Gefühle verletzen – aber so ist es nun einmal – Mutter und Tochter ... Mann und Frau ... Freund und Feind ... Geld und Geiz ... all diese schrecklich wichtigen Dinge verblassen hier oben irgendwie. Und was bleibt? Was bleibt, wenn Sie Ihr Gedächtnis verloren haben und Ihre Identität?

Er sieht einen Augenblick lang in den Zuschauerraum und wendet sich dann zur Bühne.

Da sind einige lebende Menschen. Da ist Joe Stoddard, unser Leichenbestatter, und begutachtet ein frischgemachtes Grab. Und da kommt ein Junge aus Grover's Corners, der die Stadt verlassen hatte und nach Westen gegangen war.

Joe Stoddard ist im Hintergrund umhergegangen. Sam Craig tritt von links auf, wischt sich die Stirn ab. Er trägt einen Regenschirm und kommt langsam nach vorn.

SAM CRAIG: Guten Tag, Joe Stoddard.

JOE STODDARD: Guten Tag, guten Tag. Lassen Sie mich mal sehen: Kenne ich Sie nicht?

SAM CRAIG: Ich bin Sam Craig.

JOE STODDARD: Ach du liebe Zeit! Ausgerechnet! Ich hätte es mir denken können, daß du zum Begräbnis zurückkommen würdest. Du warst lange fort, Sam.

SAM CRAIG: Ja, über zehn Jahre. Ich habe jetzt ein Geschäft, drüben in Buffalo. Aber ich war im Osten, als ich die Nachricht vom Tod meiner Kusine erhielt, und da dachte ich mir, ich könnte beides miteinander verbinden und der alten Heimat einen Besuch abstatten. Du siehst gut aus.

JOE STODDARD: Ja, ja, ich kann nicht klagen. Sehr traurig, unsere Reise hier herauf – heute.

SAM CRAIG: Ja.

JOE STODDARD: Ja . . . ja. Ich sage immer, ich hasse meinen Beruf, wenn ein junger Mensch uns genommen wird . . . Sie werden in ein paar Minuten hier sein. Ich mußte früher kommen – mein Sohn beaufsichtigt die Trauerfeierlichkeiten im Hause.

SAM CRAIG *auf den Grabsteinen lesend*: Alter Farmer McCarty. Ich pflegte ihm auszuhelfen – nach der Schule. Er hatte Hexenschuß.

JOE STODDARD: Ja, es ist nun schon einige Jahre her, daß wir den Farmer McCarty hierherbrachten.

SAM CRAIG *auf Mrs. Gibbs' Knie starrend*: Ach, das ist meine Tante Julia . . . ich vergaß, daß sie . . . natürlich, natürlich.

JOE STODDARD: Ja, Dr. Gibbs verlor seine Frau vor drei, vier Jahren . . . ungefähr um diese Zeit. Und das heute ist nun wieder ein ziemlich schwerer Schlag für ihn.

MRS. GIBBS *zu Simon Stimson, sehr ruhig und unfeierlich*: Das ist Sam, der Sohn meiner Schwester Carrie . . . Sam Craig.

SIMON STIMSON: Ich fühle mich immer unbehaglich, wenn die da in der Nähe sind.

MRS. GIBBS: Simon.

SAM CRAIG: Suchen sie sich selbst ihre Verse aus, Joe?

JOE STODDARD: Nein . . . gewöhnlich nicht. Meistens tun es die Leidtragenden.

 SAM CRAIG: Das klingt nicht nach Tante Julia.

Von den Schwestern Hersey sind nicht mehr viele übriggeblieben. Laß mich mal sehen: wo sind . . . ich möchte wissen, wo mein Vater und meine Mutter . . .

JOE STODDARD: Dort dürben bei den Craigs . . . Allee F.

SAM CRAIG *Simon Stimsons Grabspruch lesend*: War das nicht der Kirchenorganist? – Hm, ein Trinker, pflegten wir von ihm zu sagen.

JOE STODDARD: Niemand durfte etwas davon wissen. Er hat viel Pech gehabt.

Hält die Hand vor den Mund.

Hat sich nämlich das Leben genommen.

SAM CRAIG: Ach, wirklich?

JOE STODDARD: Auf dem Dachboden erhängt. Sie wollten es vertuschen, aber natürlich sprach es sich herum. Er hat sich seine Grabinschrift selber gemacht. Du kannst sie hier sehen. Es ist nicht eigentlich ein Vers.

SAM CRAIG: Musiknoten – was bedeutet das?

JOE STODDARD: Weiß ich nicht. Es stand damals etwas darüber in den Bostoner Zeitungen.

SAM CRAIG: Joe, woran ist sie gestorben?

JOE STODDARD: Wer?

SAM CRAIG: Meine Kusine.

JOE STODDARD: Ach, das weißt du nicht? Sie hatte Schwierigkeiten, ihr Kind auf die Welt zu bringen. Übrigens war es das zweite. Es ist noch ein vierjähriger Junge da.

SAM CRAIG: Und das Grab wird dort drüben [sein?

JOE STODDARD: Ja, hier zwischen den Gibbses ist nicht mehr viel Platz; darum haben sie jetzt eine neue Gibbs-Abteilung drüben bei der Allee B eröffnet. Entschuldige mich jetzt. Ich sehe, sie kommen.

Im Hintergrund wandert eine Prozession von links nach rechts. Vier Männer tragen einen – unsichtbaren – Sarg. Die übrigen haben Regenschirme aufgespannt. Man kann undeutlich unterscheiden: Dr. Gibbs, George, die Webbs und so weiter. Sie versammeln sich um ein Grab in der Mitte des Bühnenhintergrundes, etwas links vom Zentrum.

MRS. SOAMES: Wer ist es, Julia?

MRS. GIBBS *ohne hinzusehen, sanft*: Meine Schwiegertochter Emily Webb.

MRS. SOAMES *etwas überrascht, aber ohne Gefühl*: Nun, ich muß schon sagen – der Weg hier herauf muß furchtbar schmutzig gewesen sein. Woran starb sie, Julia?

MRS. GIBBS: Im Kindbett.

MRS. SOAMES: Kindbett.

Beinahe lachend.

Ich hatte das alles schon vergessen. Mein Gott, war das Leben nicht schrecklich – *mit einem Seufzer* – und wunderbar.

SIMON STIMSON *bitter*: Wunderbar? Wirklich?

MRS. GIBBS: Simon! Nimm dich zusammen!

MRS. SOAMES *beinahe mit derselben Lebhaftigkeit wie in der Hochzeitsszene*:

Ich erinnere mich noch an Emilys Hochzeit. War es nicht eine entzückende Hochzeit? Und ich weiß noch, wie sie bei der Schulfeier das Abschiedsgedicht aufgesagt hat. Emily gehörte zu den gescheitesten Mädchen, die je unsere Schule verließen. Rektor Wilkins hat das auch immer von ihr gesagt. Ich habe sie noch auf ihrer neuen Farm besucht, kurz bevor ich starb. Wirklich, eine bezaubernde Farm.

Alle Toten, die in dieser Szene auftreten, sprechen, als ob sie noch am Leben wären – ohne jede Feierlichkeit.

EINE FRAU UNTER DEN TOTEN: Es ist an derselben Landstraße, wo wir gewohnt haben.

EIN MANN UNTER DEN TOTEN: Sehr hübsch gelegen – die Farm.

Sie verstummen. Die Gruppe bei den Gräbern singt: »Gesegnet sei das Band, das bindet«.

EINE FRAU UNTER DEN TOTEN: Ich habe dieses Kirchenlied immer sehr geliebt. Ich hoffte, sie würden ein Kirchenlied singen.

Pause. Plötzlich taucht Emily unter den Regenschirmen auf und geht einige Schritte zur Mitte. Sie trägt ihr weißes Brautkleid. Langsam nähert sie sich und sieht dabei die Toten ein wenig verwundert und benommen an. Sie bleibt stehen und lächelt leise.

EMILY: Guten Tag.

MRS. SOAMES: Guten Tag, Emily.

ERSTER TOTER: Guten Tag, Mrs. Gibbs.

EMILY: Guten Tag, Mutter Gibbs.

MRS. GIBBS: Emily.

EMILY: Guten Tag.

Das Lied geht weiter. Emily sieht sich nach dem Begräbnis um. Sie sagt etwas überrascht: Es regnet.

MRS. GIBBS: Ja . . . Sie werden bald gehen, Liebes. Ruh dich aus.

Emily setzt sich auf den Stuhl neben Mrs. Gibbs.

EMILY: Es scheint Tausende von Jahren her zu sein, seitdem ich . . . Ach, ich wünschte, ich wäre schon lange hier. Ich möchte nicht neu hier sein.

Beugt sich vor.

Oh, guten Tag, Mr. Stimson.

SIMON STIMSON: Guten Tag, Emily.

Emily sieht sich noch immer mit einem schwachen und verwunderten Lächeln um, vermeidet jedoch geflissentlich die Begräbnisgruppe. Als wollte sie den Gedanken an diese Gruppe aus ihrem Bewußtsein verdrängen, beginnt sie jetzt, nicht ohne eine gewisse Nervosität, auf Mrs. Gibbs einzureden.

EMILY: Mutter Gibbs, George und ich haben aus der Farm etwas gemacht, das sich sehen lassen kann. Wir haben die ganze Zeit an dich gedacht. Wir hätten dir so gern die neue Scheune gezeigt und den großen, langen Zementbrunnen mit dem fließenden Trinkwasser für das Vieh. Wir haben es von dem Geld angeschafft, das du uns hinterlassen hast.

MRS. GIBBS: Ich?

EMILY: Erinnerst du dich nicht mehr, Mutter Gibbs? – die Erbschaft, die du uns hinterlassen hast? Es waren doch über dreihundertundfünfzig Dollar.

MRS. GIBBS: Ja, ja, Emily.

EMILY: Ja, und der Brunnen hat einen Patentverschluß, so daß er nie überfließen kann, Mutter Gibbs, und das Wasser sinkt nie unter eine bestimmte Linie, die sie eingezeichnet haben. Es ist wunderbar.

Ihre Stimme irrt ab, und ihre Augen kehren zu der Begräbnisgruppe zurück.

Es wird George nicht mehr gefallen ohne mich, aber es ist trotzdem eine reizende Farm.

Plötzlich Mrs. Gibbs ansehend.

Lebende Menschen verstehen nicht – nicht wahr?

MRS. GIBBS: Nein, mein Liebes – nicht sehr viel.

EMILY: Jeder sitzt wie in einem kleinen verschlossenen Kästchen. Es ist, als ob ich sie vor tausend Jahren zuletzt gesehen hätte . . . Mein Junge ist heute den ganzen Tag bei Mrs. Carter eingeladen.

Sie erblickt Mr. Carter unter den Toten.

Oh, Mr. Carter, mein Junge ist heute den ganzen Tag in Ihrem Haus eingeladen.

MR. CARTER: So?

EMILY: Ja, er fühlt sich dort sehr wohl. – Mutter Gibbs, wir haben auch einen Ford. Hat sich sehr gut bewährt. Allerdings fahre ich nicht selbst. Mutter Gibbs, wann verliert man dieses Gefühl? Ich meine, das Gefühl . . . einer von ihnen zu sein? Wie lange wird es noch . . .?

MRS. GIBBS: Pst! Liebes. Warte, gedulde dich noch ein wenig.

EMILY *seufzend*: Ich weiß. Da, jetzt sind sie fertig. Jetzt gehen sie.

MRS. GIBBS: Pst!

Die Regenschirme verlassen die Bühne. Dr. Gibbs geht zu dem Grab seiner Frau hinüber und steht einen Augenblick davor. Emily sieht zu seinem Gesicht auf. Mrs. Gibbs hat die Augen gesenkt.

EMILY: Siehst du! Vater Gibbs bringt dir ein paar von meinen Blumen. Sieht er nicht wie George aus? Ach, Mutter Gibbs, ich habe früher nie gewußt, daß die Lebenden so voller Kummer sind – und wie sehr sie im Dunkeln tappen. Sieh ihn an. Ich habe ihn so geliebt.

Vom Morgen bis zum Abend – nichts als Kummer. *Dr. Gibbs geht fort.*

ERSTER TOTER: Etwas kühler als vorher.

ERSTE TOTE: Ja, durch den Regen hat sich's etwas abgekühlt.

ERSTER TOTER: Mit diesen Nordostwinden ist es immer dasselbe, nicht wahr? Entweder es regnet, oder der Wind bläst drei Tage lang.

Eine große Ruhe liegt über der Szene. Der Spielleiter erscheint, seine Pfeife rauchend, am Proszeniumspfeiler. Emily setzt sich abrupt auf, als ob ihr eine Idee gekommen wäre.

EMILY: Mutter Gibbs, man kann zurückgehen, nicht wahr; man kann wieder dorthin zurückgehen . . . in das Lebendigsein. Ich fühle es. Ich weiß es. Sieh, vor kurzem habe ich einen Augenblick lang an . . . an die Farm gedacht . . . und einen Augenblick lang war ich dort und hatte mein Kind im Schoß . . . ganz deutlich.

MRS. GIBBS: Ja, natürlich kannst du.

EMILY: Ich kann zurückgehen und alle jene Tage noch einmal erleben – warum sollte ich nicht?

MRS. GIBBS: Ich sage dir nur eins, Emily: Tu es nicht.

EMILY *beugt sich vor und sieht den Spielleiter an*:

Aber es stimmt doch, nicht wahr? Ich kann zurückgehen, dorthin . . . und . . . wieder leben?

SPIELLEITER: Ja, einige haben es versucht – aber sie kamen bald wieder hierher zurück.

MRS. GIBBS: Tu es nicht, Emily.

MRS. SOAMES: Nein, Emily. Es ist nicht so, wie du's dir vorstellst.

EMILY *langsam*: Oh, ich werde keinen traurigen Tag leben. Ich werde mir einen glücklichen aussuchen – ich werde mir den Tag aussuchen, an dem ich zum erstenmal wußte, daß ich George liebte. Warum sollte das weh tun?

SPIELLEITER: Du erlebst es nicht nur, sondern du siehst dir zu, während du es erlebst.

EMILY: Ja?

SPIELLEITER: Und während du es beobachtest, siehst du Dinge, die sie – dort unten – niemals sehen können. Du siehst die Zukunft. Du weißt, was danach geschehen wird.

EMILY: Aber das braucht doch nicht weh zu tun? Warum?

MRS. GIBBS: Nicht nur deshalb solltest du es nicht tun, Emily. Wenn du länger hier bist, so wirst du sehen, daß –. Unser Leben hier besteht darin, daß wir all dies vergessen sollen und nur noch an das denken, was vor uns liegt, und uns darauf vorbereiten. Wenn du erst länger hier bist, wirst du verstehen.

EMILY: Aber Mutter Gibbs, wie kann ich jenes Leben jemals vergessen? Es ist alles, was ich weiß. Es ist alles, was ich besaß.

MRS. SOAMES: Nein, Emily, es ist nicht weise, glaube mir.

EMILY: Ich muß mich selbst davon überzeugen. Auf jeden Fall werde ich mir einen glücklichen Tag aussuchen.

MRS. GIBBS *scharf*: Nein! *Ruhig*. Lieber einen unwichtigen Tag. Suche dir den unwichtigsten Tag deines Lebens aus. Es wird schon wichtig genug werden.

EMILY: Dann kann es nur vor meiner Heirat sein oder vor der Geburt meines Kindes. *Zum*

Spielleiter. Kann ich mir einen Geburtstag aussuchen? Ja? – Ich suche mir meinen zwölften Geburtstag aus.

SPIELLEITER: Gut. 11. Februar 1899. Es ist ein Dienstag. – Möchtest du irgendeine bestimmte Tageszeit haben?

EMILY: Oh, ich möchte den ganzen Tag haben.

SPIELLEITER: Wir beginnen bei Tagesanbruch. Du entsinnst dich – es hatte mehrere Tage lang geschneit, aber am Abend vorher hatte es aufgehört, und die Wege waren freigemacht worden.

Emily steht langsam auf und wendet sich um. Die Sonne geht auf.

EMILY *mit einem Aufschrei*:

Da ist die Hauptstraße ... und da ist Mr. Morgans Drugstore, bevor er ihn umbaute! ... Und da ist der Stall, wo man die Pferde mieten kann.

Sie geht auf den Hintergrund der Bühne zu.

SPIELLEITER: Ja. 1899. Vor vierzehn Jahren.

EMILY: Oh, das ist die Stadt, die ich als kleines Mädchen kannte. Und sieh, da ist der alte, weiße Zaun, der um unser Haus ging. Oh, ich hatte das vergessen! Ich liebe es so sehr! Sind sie im Haus?

SPIELLEITER: Ja, deine Mutter wird gleich herunterkommen und Frühstück machen.

EMILY *leise*: Wird sie?

SPIELLEITER: Und du erinnerst dich: dein Vater war mehrere Tage lang fortgewesen. Er kam mit dem Frühzug am Morgen zurück.

EMILY: Nein ...?

SPIELLEITER: Er war zu seiner Universität gefahren, um einen Vortrag zu halten.

EMILY: Schau! Da ist Howie Newsome. Da ist unser Polizist. Aber er ist tot; er starb.

Die Stimmen von Howie Newsome, Polizist Warren und Joe Crowell jun. sind auf der Bühne links zu hören.

HOWIE NEWSOME: Hü, Bessie! – Bessie! Morgen, Bill.

BILL: Morgen, Howie.

HOWIE NEWSOME: Du bist früh auf.

BILL: Hab' da jemanden retten müssen. Hätte sich beinahe zu Tode erfroren, dort unten, im Polenviertel. Hat sich einen angetrunken und dann in das Schneetreiben gelegt – dachte, er wäre im Bett, als ich ihn aufrüttelte.

EMILY *freudig überrascht*: Und da ist Joe Crowell!

JOE CROWELL: Guten Morgen, Mr. Warren. Morgen, Howie.

Mrs. Webb ist in ihrer Küche erschienen.

Die folgende Szene muß natürlich ohne die Tische und Stühle gespielt werden, die in den vorigen Akten benutzt wurden.

MRS. WEBB: Ki-i-i-nder! Willy! Emily! . . . Zeit zum Aufstehen.

EMILY *sieht sie erst jetzt*:

Mama. Hier bin ich. Oh, wie jung Mutter aussieht. Ich wußte nicht, daß Mutter jemals so jung war.

MRS. WEBB: Wenn du willst, kannst du dich hier unten beim Küchenfeuer anziehen. Aber mach schnell.

Howie Newsome ist die Hauptstraße entlanggekommen und stellt jetzt die Milchflaschen vor Mrs. Webbs Tür.

Guten Morgen, Mr. Newsome. Brrrrrrrrr

. . . es ist kalt.

HOWIE NEWSOME: Zehn Grad unter Null bei meiner Scheune, Mrs. Webb.

MRS. WEBB: Was Sie nicht sagen! Ziehen Sie sich nur warm an.

Sie trägt ihre Flaschen herein, vor Kälte zitternd.

EMILY *mit Anstrengung*: Mama, ich kann meine blaue Haarschleife nirgends finden.

MRS. WEBB: Du mußt nur deine Augen aufmachen, Liebes. Ich habe sie extra für dich herausgelegt – auf die Kommode. Wenn sie eine Schlange wäre, würde sie dich beißen.

EMILY: Ja, ja . . .

Sie legt die Hand aufs Herz. Mr. Webb kommt die Hauptstraße entlang, wo er den Polizisten Warren trifft.

MR. WEBB: Guten Morgen, Bill.

BILL: Guten Morgen, Mr. Webb. Sie sind früh auf.

MR. WEBB: Habe mal wieder meine alte Universität besucht, im Staate New York. Ist irgend etwas vorgefallen?

BILL: Bin heute früh gerufen worden, um einen Polen zu retten, 's ging ihm verdammt schlecht; er wäre beinah erfroren.

MR. WEBB: Wir müssen es in die Zeitung setzen.

BILL: Ach, es war nicht der Rede wert.

Mr. Webb schüttelt den Schnee von seinen Füßen und tritt in sein Haus.

MR. WEBB: Guten Morgen, Mutter.

MRS. WEBB: Wie ging es, Charles?

MR. WEBB: Ich glaube, gut. Ich habe ihnen verschiedenes gesagt. Ist hier alles in Ordnung?

MRS. WEBB: Ja – nichts Besonderes passiert. 's war ziemlich kalt. Howie Newsome sagt, es ist zehn Grad unter Null bei seiner Scheune.

MR. WEBB: Im Hamilton-College ist es noch kälter. Den Studenten frieren die Ohren ab. – Waren irgendwelche Druckfehler in der Zeitung?

MRS. WEBB: Nicht, daß ich wüßte. Sage mir, wann du den Kaffee willst.

Mr. Webb ist im Begriff, nach oben zu gehen.

Charles! Vergiß nicht: es ist Emilys Geburtstag. Hast du daran gedacht, ihr etwas zu kaufen?

MR. WEBB *an seiner Rocktasche zupfend*:

Hier. – Wo ist mein Mädchen? Wo ist mein Geburtstagskind?

Er geht nach links ab.

MRS. WEBB: Halte sie jetzt nicht auf, Charles. Warte bis zum Frühstück. Sie ist ohnehin schon spät. Beeilt euch, Kinder! Sieben Uhr! Ich möchte euch nicht noch einmal rufen!

EMILY *leise, eher verwundert als kummervoll*:

Ich ertrage es nicht. Sie sind so jung, so schön. Warum mußten sie je alt werden? Mama, ich bin hier. Ich bin erwachsen geworden. Ich liebe euch alle, alles – ich kann mich gar nicht satt genug sehen an allem.

Sie dreht sich nach dem Spielleiter um und fragt flüsternd: Darf ich hineingehen? – *Der Spielleiter nickt und nimmt dann wieder seine frühere Haltung ein, wobei er, über die Köpfe des Publikums hinweg, in den Hintergrund des Zuschauerraums blickt.*

Guten Morgen, Mama.

MRS. WEBB *geht an den Fuß der Treppe und*

küßt Emily ohne viel Aufhebens. Sie kehrt dann zu ihrem imaginären Herd im Vordergrund der Bühne zurück und beginnt, mit dem Gesicht zum Publikum, während der folgenden Szene gleichmütig in einem Topf zu rühren, ohne Emilys eindringliche Worte zu vernehmen:

Ich gratuliere, mein Kind, und wünsche dir noch viele schöne Geburtstage im Leben. Auf dem Küchentisch liegen ein paar Überraschungen für dich.

EMILY: Ach, Mutter, das war doch nicht nötig.

Mit einem hilflosen Seitenblick auf den Spielleiter.

Ich kann nicht – ich kann nicht.

MRS. WEBB *mit dem Gesicht zum Publikum, über ihrem Herd*: Geburtstag oder nicht Geburtstag – ich möchte, daß du dir Zeit nimmst für dein Frühstück. Du mußt wachsen und ein kräftiges, gesundes Mädchen werden.

Emily öffnet die Pakete. Mrs. Webb, über ihre Schulter hinweg fortfahrend:

Das in dem blauen Papier ist von Tante Carrie, und wer das Postkartenalbum gebracht hat, kannst du dir wohl denken. Ich fand es auf der Türschwelle, als ich die Milch hereinholte . . . George Gibbs . . . muß wohl schon ziemlich früh in der Kälte herübergekommen sein . . . wirklich sehr nett von ihm.

EMILY *zu sich selbst*:

Oh, George, ich hatte vergessen, daß . . .

MRS. WEBB: Kau den Speck langsam. Er hält warm an einem kalten Tag wie diesem.

EMILY *zart, aber eindringlich*:

 Ach, Mutter, sieh mich nur einen Augenblick

so an, als ob du mich wirklich sehen würdest. Mama, vierzehn Jahre sind vergangen. Ich bin tot. Du bist Großmutter. Ich habe George Gibbs geheiratet, Mama. Willy ist auch tot, Mama. Er holte sich eine Blinddarmentzündung bei einem Pfadfinder-Marsch. Es ging uns schrecklich nahe – weißt du noch? Aber jetzt sind wir alle einen Augenblick beisammen, Mama, laß uns glücklich sein, nur einen Augenblick lang. Laßt uns einander ansehen.

MRS. WEBB *noch immer unbeteiligt in ihrem Topf rührend*:
Das in dem gelben Papier habe ich auf dem Dachboden, zwischen den Sachen deiner Großmutter, gefunden. Du bist jetzt alt genug, um es zu tragen. Ich dachte mir, es würde dir gefallen.

EMILY: Und das ist von dir! Ach, Mama, es ist reizend – genau das, was ich mir gewünscht hatte.
Sie wirft ihre Arme um den Hals ihrer Mutter. Diese läßt sich nicht im Kochen stören, ist aber sichtlich erfreut.

MRS. WEBB: Ich hoffte, es würde dir gefallen. Habe überall danach gesucht. Tante Nora konnte keines in Concord ausfindig machen; da mußte ich es extra von Boston bestellen. *Lachend.* Willy hat auch etwas für dich. Er hat es im Handfertigkeitsunterricht gemacht. Eine Laubsägearbeit. Er ist sehr stolz darauf. Zeige ihm, wie sehr du dich darüber freust. – Vater hat auch eine Überraschung für dich. Ich weiß selbst nicht, was es ist. Pst – da kommt er.

MR. WEBB *hinter der Bühne*:

Wo ist mein Mädchen? Wo ist mein Geburtstagskind?

EMILY *zum Spielleiter*:

Ich kann nicht! Ich kann nicht mehr! Es geht so schnell. Wir haben gar keine Zeit, uns anzusehen.

Sie bricht schluchzend zusammen.

Mrs. Webb ab.

Ich stellte es mir nicht so vor. Dies alles geschah, und wir bemerkten es nicht. Bring mich zurück – auf den Hügel – in mein Grab. Nein, warte: noch einen Blick! Leb wohl, leb wohl, Welt. Leb wohl, Grover's Corners ... Mama und Papa. Lebt wohl, tickende Uhren ... und Mamas Sonnenblumen. Und Frühstück und Kaffee. Und frisch geplättete Kleider und warme Bäder ... und schlafen und aufwachen. O Erde, du bist zu schön, als daß irgend jemand dich begreifen könnte.

Sie sieht den Spielleiter an und fragt plötzlich, unter Tränen: Begreifen die Menschen jemals das Leben, während sie's leben – jeden, jeden Augenblick?

SPIELLEITER: Nein. *Pause.* Die Heiligen und die Dichter vielleicht – bis zu einem gewissen Grade.

EMILY: Ich bin bereit, zurückzugehen.

Sie kehrt langsam zu ihrem Stuhl neben Mrs. Gibbs zurück.

MRS. GIBBS *nach einer Pause, sanft*:

Bist du glücklich gewesen?

EMILY: Nein. Ich hätte auf dich hören sollen. – Blind sind die Menschen – nichts als blind, Mutter Gibbs.

 MRS. GIBBS *sachlich*: Da, es klärt sich auf. Die

Sterne kommen heraus.

EMILY: Oh, Mr. Stimson. Ich hätte auf die andern hören sollen.

SIMON STIMSON *mit steigender Heftigkeit, beißend*:

Ja, nun wissen Sie's. Nun wissen Sie's. So sah das also aus: am Leben zu sein. Eingehüllt in eine Wolke der Unwissenheit, in ewigem Auf und Ab herumtrampelnd auf den Gefühlen derer, die . . . die um uns sind. Die Zeit dahinbringen und verschwenden, als ob man eine Million Jahre zu leben hätte. Immer auf Gedeih und Verderb irgendeiner selbstsüchtigen Leidenschaft ausgeliefert sein. Nun wissen Sie's – das ist das »glückliche« Dasein, in das Sie zurückgehen wollten. Nichts als Unwissenheit und Blindheit.

MRS. GIBBS *aufgebracht*: Simon Stimson, du weißt sehr wohl: das ist nicht die volle Wahrheit.

Wieder ruhig.

Emily, sieh dir diesen Stern an. Ich weiß nicht mehr, wie er heißt.

ERSTER TOTER: Mein Sohn Joel war Matrose – er kannte sie alle. Er saß am Abend auf der Veranda und nannte sie alle bei ihren Namen. Es war großartig.

ZWEITER TOTER: Ein Stern ist ein wunderbarer Gefährte.

ERSTER TOTER: Ja. – Ja, das stimmt.

SIMON STIMSON: Jetzt kommt einer von denen dort.

ZWEITE TOTE: Das ist aber komisch. Sie haben hier nichts zu suchen um diese Zeit.

ERSTE TOTE: Um Himmels willen!

EMILY: Mutter Gibbs, es ist George.

MRS. GIBBS: Pst – Liebes. Du mußt dich ausruhen.

EMILY: Es ist George!

George tritt von rechts auf und nähert sich ihnen langsam.

ERSTER TOTER: Und mein Sohn Joel, der die Sterne kannte – er sagte immer, daß dieser kleine Lichtfleck Millionen Jahre braucht, bis er die Erde erreicht. Es ist kaum glaublich, aber genau das hat er gesagt – Millionen Jahre.

George wirft sich auf Emilys Grab.

ERSTE TOTE: Meine Güte! Das ist keine Art, sich zu benehmen.

MRS. SOAMES: Er sollte daheim sein.

EMILY: Mutter Gibbs?

MRS. GIBBS: Ja, Emily?

EMILY: Nicht wahr, sie verstehen nicht?

MRS. GIBBS: Nein, Liebes, nicht sehr viel.

Der Spielleiter erscheint von rechts, mit der einen Hand einen dunklen Vorhang quer über die Bühne ziehend.

In einiger Entfernung hört man, kaum vernehmbar, eine Uhr schlagen.

SPIELLEITER: Fast alle schlafen jetzt in Grover's Corners. Da sind noch ein paar Lichter: Unten auf dem Bahnhof hat Shorty Hawkins soeben den Zug nach Albany passieren lassen. Und in Ellery Greenoughs Pferdestall sitzt noch einer spät in der Nacht und spricht. – Ja, es klärt sich auf. Da sind die Sterne – wie immer auf ihrer alten, uralten Reise kreuz und quer über den Himmel. Die Gelehrten sind sich noch nicht ganz einig, aber es wird jetzt doch angenommen, daß es dort oben keine

Lebewesen gibt. Nichts als Kreide – oder Feuer. Nur dieser eine hier müht sich ab; er müht sich die ganze Zeit ab, um etwas aus sich zu machen. Die Mühe ist so groß, daß die Menschen sich alle sechzehn Stunden niederlegen müssen, um auszuruhen.

Er zieht seine Uhr auf.

Hm . . . Es ist elf Uhr in Grover's Corners. – Sie müssen sich jetzt auch ausruhen. Gute Nacht.

Nachwort

Thornton Wilders dreiaktiges Schauspiel »Our town« ist 1938 erschienen. In Deutschland wurde es erst nach dem Kriege bekannt. Die Handlung ist einfach. Der erste Akt schildert das tägliche Leben in der amerikanischen Stadt Grover's Corners im Staate New Hampshire am 7. Mai 1901. Der zweite Akt beginnt 1000 Tage später und schildert die Heirat eines jungen Paares; wie diese Liebe begann, wird in einer großen Rückblende innerhalb dieses Aktes dargestellt. Der dritte Akt spielt im Sommer 1913 auf dem Friedhof der kleinen Stadt: die junge Frau ist gestorben und geht zu den Toten, die auf der Bühne sitzen und dem Begräbnis zusehen; entgegen der Mahnung der Toten kehrt sie für einen Tag in ihr vergangenes Leben zurück; aber sie hält es nicht aus, mit dem Bewußtsein der Vergänglichkeit der Gegenwart zu leben, und so fügt sie sich in ihr Schicksal, tot zu sein, das Leben in der kleinen Stadt zu vergessen und auf ein unbekanntes Neues dahindämmernd zu warten. Auch in diesen dritten Akt wird also eine Rückblende eingeschoben; schon längst Vergangenes wird noch einmal aus dem Gewesensein heraufgeholt und als etwas Gegenwärtiges dargestellt. Die Zeiten schichten sich im Spiel ineinander, und es bestünde die Gefahr, daß Verwirrung entstünde, wenn nicht eine Zentralfigur diese Umschaltung von dem Jetzt auf das Damals oder auf das Später ordnete.

Diese Zentralfigur ist bei Wilder der Spielleiter. Er begrüßt die Zuschauer und macht sie mit der Situation bekannt. Er holt Sachverständige herbei, die dem Publikum kleine Vorträge über die geographische, geologische, ethnologische, konfessionelle, soziale und politische Lage von Grover's Corners halten. Zugleich aber weiß der Spielleiter von Anfang an, wie das Spiel endet. Für den Spielleiter ist alles, was auf der Bühne geschieht, zugleich Gegenwart, Vergangenheit oder Zukunft – ganz nach Belieben.

Dieser Durchbruch durch die Zeitgebundenheit hat eine ganze Reihe höchst sonderbarer Folgen. Zunächst wird klar, daß jeder einzelne Mensch unter den Milliarden Menschen, die vor ihm gelebt haben und die nach ihm kommen werden, nur etwas kaum faßbar Winziges ist. Zugleich damit wird aber auch sichtbar, daß angesichts der Unendlichkeit alle Unterschiede zwischen den Menschen einschrumpfen: Das was den Menschen ihren Wert gibt, hat nichts mit Zeit und Ort, nichts mit sozialem Ansehen und politischer Bedeutung zu tun. Das eigentlich Menschliche ist völlig gleichgültig gegenüber der Frage, wann jemand gelebt und welche Sprache ihn erzogen hat.

Weil das nun aber so ist, kann sich der Sinn des Menschenlebens auch im kleinsten Rahmen ganz erfüllen. Die Tiefe der großen Erlebnisse – Geburt, Lieben, Arbeiten, Sterben – ist unabhängig davon, ob das Publikum zuschaut oder nicht. Grover's Corners ist eine sehr durchschnittliche Stadt mit sehr durchschnittlichen Menschen; aber sie haben die gleiche Chance wie die berühmtesten Männer des Altertums oder die namhaftesten Frauen der Gegenwart. Wilder singt das Lob des Unscheinbaren; er beugt sich in liebevoller Ehrfurcht zu dem anspruchslosen Dasein der Unberühmten hinab. Die kleine Stadt ist wie ein Spiegel der ganzen Welt; das Spiel verwandelt alles Leben auf dieser Erde in eine Parabel, in ein Gleichnis jeglichen Daseins zu jeder vergangenen oder künftigen Zeit. Das für die Menschheit Entscheidende ist auch durch die neuen technischen, sozialen und wissenschaftlichen Prozesse nicht wesentlich verändert worden. Die Aufgabe bleibt die gleiche wie im Altertum: zu lieben.

In seinen historischen Exkursen läßt Wilder den Spielleiter die Frage stellen, was denn von den Menschen nach ein paar tausend Jahren noch übrigbleibe. Vom alten Babylon, der Zwei-Millionen-Stadt, kennen wir heute gerade noch die Namen der Könige und ein paar Handelsverträge; von dieser kleinen Stadt hier, die wie auf einem Röntgenschirm erscheint, wird man nach ein paar tausend Jahren vielleicht auch nur etwas ganz Beiläufiges und Nebensächliches wissen; aber wichtiger als diese Fakten bleiben heute wie damals und künftig die »simplen Wahrheiten«, daß auch die Lebenden tot sind, wenn sie nicht lieben, und daß wir unsere Zeit mit Alltäglichkeiten hinbringen. Aber zugleich erfüllt sich unser Dasein in solchem Umgang mit Alltäglichem. Wir müssen so leben, als ob wir noch eine Million Jahre Zeit hätten; dabei aber haben wir vor jeder Veränderung Angst. George in »Our town« will nicht erwachsen werden, und Emily klagt am Hochzeitstage: »Warum kann ich nicht noch für eine Weile so bleiben, wie ich bin?«

Auch die kleine Stadt kann nicht so bleiben, wie sie 1901 gewesen ist. Das idyllisch-einfache Leben vor dem Horizont der Ewigkeit ist in dem Augenblick, da der Spielleiter es uns sehen läßt, schon vorüber – unwiderbringlich vorbei. Es nützt nichts, sich gegen den Strom der Zeit zu stemmen. Wilder selbst ist das Gegenteil eines Romantikers: er nimmt jede Gelegenheit wahr, darauf hinzuweisen, daß sich auch inmitten der stürmischen Veränderungen die eigentlichen Aufgaben des Menschseins nicht verändern. Allerdings müssen wir, um heute das »Abenteuer unseres Daseins« zu bestehen, unser Bewußtsein sehr energisch umformen. Wir müssen, meint er, unsere Phantasie anstrengen, um herauszubekommen, was uns die Veränderung unserer Lebensgewohnheiten an neuen Aufgaben zur Pflicht macht.

Gerhard Sanden